康奈尔学习法

从记笔记开始，成就终身学习

友荣方略◎著

人民邮电出版社

北 京

图书在版编目（CIP）数据

康奈尔学习法：从记笔记开始，成就终身学习 / 友荣方略著. -- 北京：人民邮电出版社，2023.10
ISBN 978-7-115-62534-2

Ⅰ. ①康… Ⅱ. ①友… Ⅲ. ①学习方法 Ⅳ.
①G791

中国国家版本馆CIP数据核字（2023）第161251号

内 容 提 要

学习是一生的事业。

本书将带领广大读者深入探索康奈尔学习法在学习场景中的实际使用，帮助读者掌握能提高学习效率和提升学习成绩的关键技巧。

本书共7章，从学习的科学出发，介绍了学习的策略，讲述了如何设定学习计划，如何借助康奈尔笔记法完成学习过程、提升学习效果，如何建立良好的学习习惯，如何掌握考试技巧来轻松应对考试等。

本书适合想取得好成绩的各年级学生、有自我提升需求与意愿的年轻人、期望给孩子树立正确学习观的家长阅读。

- ◆ 著　　　　友荣方略
　　责任编辑　徐竞然
　　责任印制　周昇亮
- ◆ 人民邮电出版社出版发行　　北京市丰台区成寿寺路 11 号
　　邮编　100164　电子邮件　315@ptpress.com.cn
　　网址　https://www.ptpress.com.cn
　　涿州市京南印刷厂印刷
- ◆ 开本：880×1230　1/32
　　印张：5.75　　　　　　　2023 年 10 月第 1 版
　　字数：138 千字　　　　　2025 年 9 月河北第 11 次印刷

定价：49.80 元（附小册子）

读者服务热线：(010)81055296　印装质量热线：(010)81055316
反盗版热线：(010)81055315

前 | 言

如果你不喜欢学习，如果你为"学不会、成绩差"而烦恼，如果你需要学习一个全新领域的知识却不知道该从何处入手，那么这本书非常适合你。

很多人在学习上出现问题，很可能是因为没有掌握良好的学习方法。

一流的学校往往能孕育出一流的学习方法。本书将介绍一所诞生过 50 多位诺贝尔奖获得者的学校的学生使用的学习方法。这所学校就是康奈尔大学，这套学习方法被称为康奈尔学习法。

康奈尔大学由埃兹拉·康奈尔（Ezra Cornell）和安德鲁·迪克森·怀特（Andrew Dickson White）于 1865 年建立，位于纽约伊萨卡（Ithaca, New York），是纽约州立大学的合作伙伴，是美国大学协会的 14 所创始院校之一，也是常春藤盟校 8 个成员之一，拥有约 1700 名教授。

1868 年，康奈尔大学的创始人埃兹拉·康奈尔说："我要建立一个机构，在那里，任何人都可以实现关于任何学科的学习。"这句话成了康奈尔大学创立之初的原则，奠定了康奈尔大学的使命和价值观。

康奈尔大学虽然是一所私立大学，但始终坚守着自己的社会责任和公共使命。康奈尔大学将自身的使命定位为发现、保存和传播知识，教育下一代全球人民，并促进广泛探究的文化发展，认为自己有责任在所有知识领域做出贡献，以帮助提高全世界的生活质量。

关于康奈尔大学，人们比较熟知的是康奈尔笔记法。很多人觉得康奈尔学习法指的就是康奈尔笔记法，甚至错误地认为只要买一个拥有康奈尔笔记法结构的笔记本，就等于学会了康奈尔学习法。

实际上，康奈尔笔记法只是康奈尔学习法中一种记笔记的方法，康奈尔学习法是一套系统的学习方法，它也被一些人称为"天才学习法"。康奈尔学习法不仅适合康奈尔大学的学生使用，其中有不少关于调整心态、复习备考、答题技巧的内容，能够很好地帮助各阶段学生在考试中取得好成绩。

本书中关于康奈尔学习法的策略和方法论，是根据数位康奈尔大学毕业生在校学习时的学习心得，再结合本书作者团队成员的学习经验和对学习方法的理解，以及中国读者的实际情况，经过大量提炼、整合、讨论、修改、扩充后形成的，以期让本书更适合中国读者。

考虑到有不少社会人士对这套学习法感兴趣，所以本书作者团队也在书中添加和延伸了很多适合社会人士自我提升的内容，例如曼陀罗九宫格法等，希望能帮助中国读者快速将这套方法运用于工作和生活中。

有人可能疑惑：名校的学生都是精英，名校总结出来的学习方法适合普通人吗？实际上，名校中的很多人都不是智商超群的天才，多数"学霸"的智商其实也都是普通人的水平。

与其说他们是因为智商高而学习好，不如说他们是因为掌握了正确的学习方法才学习好、成绩好。

本书通过解析康奈尔学习法的原理，总结和延展了康奈尔学习法的实施方法，拆解和细化了康奈尔学习法的实施步骤，借助各类案例，介绍了康奈尔学习法在日常工作、生活和学习中的应用。

本书作者团队包含多位世界500强企业的高管，包含著作等身的管理类畅销书作家，包含国内外知名高校毕业的"学霸"，也包含秉持终身学习理念的创业者。本书是作者团队成员共同的智慧成果，适合想要取得好成绩的各年级学生、有自我提升需求与意愿的年轻人、期望帮孩子树立正确学习观的家长阅读。

祝读者朋友们能够学以致用，更好地学习和工作。

本书若有不足之处，欢迎读者朋友们批评指正。

目 录

3 第3章　学习的计划：提升学习效率的路线图

4 第4章　学习的过程：康奈尔笔记法的原理和运用

5

第 5 章　学习的习惯：别让负面情绪拖累学习效率

6

第 6 章　学习的检测：用考高分验证学习效果

7

第 7 章　学习的工具：学习能力越强，越懂得使用工具

学习的科学：
将效率建立在脑科学成果上

康奈尔大学的整套学习方法是建立在学习的基本原理之上的。要想好好学习，首先要正确认知学习的基本原理。本章主要介绍好好学习应当知道的原理，例如究竟什么是学习，如何有效记忆，如何对抗遗忘等。这将有助于我们事半功倍地学习。

1.1 认知升级：打破"我学会了"的错觉

为什么会有"知道那么多道理，却依然过不好这一生"这种情况呢？

从知行合一的角度，可以解释为知道不等于做到。从概率中正态分布的角度，可以解释为成功者应当是少数。

但实际上可以更直接地解释为知道≠学到，知道了道理，不等于学到了道理。知道道理，只是"以为自己学会了"，而不是"真的学会了"。

知道是什么？

知道只是记住了信息，而不是学到了知识。很多人有个认知误区，认为学习知识就是知道了原本不知道的某个信息。这其实不是学习知识，只是单纯地记忆信息。

很多孩子小学的时候经常能够在考试中拿满分，但是到了初中之后，考试拿满分变得越来越难，成绩也有所下滑。有的家长认为是孩子上初中后越来越贪玩，不爱学习了。

实际上，最主要的原因是小学阶段的学习内容几乎全部靠记忆，只要记住一些信息，考试时能够回忆起来，就可以拿到不错的分数。例如，小学语文的认字、认词、背诵课文，小学数学的乘法口诀表对应的加减乘除，小学英语的字母、音标和数量有限的单词等。

在小学阶段，死记硬背是有效的。可到了初中，考试内容已经不全是需要记忆的信息，仅靠记忆渐渐无法解答考试的题目，必须真的学会某种解题的方法，才能取得好成绩。这一点在数学、物理、化学这类科目中表现得尤为明显。

这也正是人们常说的理解。真正的学会，必然是理解之后的融会贯通。

著名物理学家阿尔伯特·爱因斯坦（Albert Einstein）说："学习知识要善于思考，思考，再思考，我就是靠这个方法成为科学家的。"

笔者总结了一个学习的 ABC 原理：看到的是 A，学到了 B，用出来变成了 C，这才是真正的学习成长。但很多人不是这样，他们看到了 A，记住了 A，就只会用 A，结果用的时候发现 A 没有解决问题，就说 A 没有用，这其实是不会学习的表现。

当我们看到 A 时，要记住 A，需要记忆力；当我们记住 A 后，要学到 B，需要总结、归纳、发散的能力；当我们学到 B 后，想要用出 C，需要对场景进行观察、思考，同时对 B 不断练习、复盘，并不断调整，这是一种行动力。

所以，学习能力从来都不是单一的记忆力，而是能够发散思维、举一反三，并在实际应用时灵活变通的能力。记忆和学习最大的不同之处在于，记忆追求的是"量"，而学习的目标是掌握"法"。

虽然人能记住的信息是有限的，但这不是人难以学会新知识的原因。退一步讲，就算有个人能把古往今来所有的古诗词，甚至地球上出现过的所有文学作品全部记住，那能代表这个人学会了写作吗？答案是不能。

真正的学习需要什么呢？

（1）信息。必要的信息是学习的基础，虽然学习不等于记住信息，但学习需要有一定的信息量。

（2）案例。纯粹的信息有时是抽象的，案例是信息的具象化。有了案例，就有了应用场景。

（3）练习。持续一段时间的练习是对信息的巩固和理解，有助于在大脑中建立起某种程序。

（4）反馈。通过反馈，我们能获得认知正确或错误的验证，于是能不断纠偏，在大脑中不断重构程序。

1.2　镜像神经元：从死记硬背到融会贯通

为什么很多学生花了不少时间看书，考试还是考不好呢？为什么有的学生在考试中遇到所谓"偏题""难题""怪题"时可以游刃有余，而有的学生却觉得这些题"超纲"了，无法取得好成绩呢？

这是因为有些人没有对知识做深入的应用和理解。得到有效应用的知识更容易记住，得到切实理解的知识更容易记牢。当一个人可以深入应用和理解知识才说明他学会了，当一个人能够融会贯通时，他还能举一反三掌握其他知识。

关于人类掌握知识的过程，美国加利福尼亚大学圣迭戈分校脑和认知研究中心教授V.S.拉马钱德兰（V.S. Ramachandran）认为，人类学习的过程可以分成两个阶段。

学习的第一个阶段，是人类遇到了某个问题，针对这个问题采取了某种有效的解决方案。例如，原始人长期遭受猛兽的攻击，而有人发现把石头磨尖，绑上手柄，握在手里，变成一把手斧，就可以有效抵御猛兽的攻击。之后出现了可以投掷的长矛，再后来逐渐演化出各式各样的冷兵器，直到枪、炮、导弹等武器装备。

学习的第二个阶段，就到了镜像神经元登场的时候了。镜像神经元是 1992 年脑科学家发现的一种大脑神经元细胞，能够让人类产生模仿行为。例如某个原始人看到另一个原始人用手斧不仅可以成功抵御猛兽，而且可以打猎获取食物时，他很快就学着制造了一把类似的手斧。这样，模仿式的学习就出现了，知识得以传播。

这么看，知识的出现也许是偶然的，但知识的传播是必然的。为解决某个问题而应用的某种知识是不一定的，可一旦这种知识出现，能切实解决某类问题，且能被别人观察和模仿，其被大规模传播和应用就是迟早的事。

然而如果人类只是单纯地模仿复制，似乎很难发展出如今的文明。

例如在距今 170 万年至 20 万年的时候，人类各部落间流行着一种工具，叫阿舍利手斧。这种工具在大约 150 万年的时间里除了大小有所不同，形态上几乎没有发生过太大变化。

原因是在这 150 万年间，没有人对阿舍利手斧的形态做改良和升级，或者有许多人尝试过，但却并没有成功。直到有人对阿舍利手斧做了卓有成效的突破性创新，可以完美替代阿舍利手斧的工具才逐渐诞生。

对此，美国田纳西大学的人类学专家 R. 亚历山大·本特利（R. Alexander Bentley）认为，人类知识的传播，是先有创新者，再有模仿者，后来又出现了效仿者。

模仿者是对知识的结果进行简单复制，而效仿者是对知识产生的过程进行重现，回到问题的本源和当前知识的原理思考更多的解决方案。模仿者可以传播知识，而效仿者可以让知识升级。效仿者比模仿者多做的一步，是多问了一句"为什么"。

再来看风扇的演化。1830 年，美国人詹姆斯·拜伦（James

Byron）发明了风扇。风扇的原理不难理解：将其他形式的能量转化为机械能，从而带动几个扇叶转动，从而产生风。从此，人们认为风扇就应该是有扇叶的。在后来的170多年里，世界上出现的所有风扇都只是做工更加精良、外观更加精美、功能更加多样，结构和原理都大同小异。

然而有扇叶的风扇存在诸多问题。

（1）安全性。早期的风扇常出现扇叶伤人事件，改良后的风扇虽然增加了伤人保护功能，但避免不了孩童们因好奇而做出危险行为。

（2）卫生性。风扇的扇叶使用一段时间后会积灰，不清洗就会导致吹出的风不干净。然而为增强风扇的安全性，扇叶外部通常有格网保护，清洗扇叶前通常要拆卸下来，并不方便。

（3）美观性。因为有扇叶的存在，风扇通常要占用较大的空间。而且几乎所有的风扇都是圆形的，形态上千篇一律，缺乏美感。

那么，风扇为什么一定要有扇叶呢？有没有可能没有扇叶也能出风呢？

2009年，戴森（dyson）公司的工程师们成功研发出了气流倍增技术，发明了全球首款无叶风扇。气流倍增技术是戴森公司取的名字，这项技术实际上是利用附壁效应（Coanda Effect）改变气流方向，对吸入的空气通过环形窄道进行加速，经过翼形斜板时，吸入更多空气，并引导流向，让吹出的总体风量增大，最终释放高速、强劲的气流。从此，扇叶不再是风扇必须有的部件。

我们学到的知识是前人总结出来的。我们一开始的学习是模仿，可更高级，或者说对人类更有利的学习是接下来的效仿。通过效仿，明白了为什么，清楚了其中的道理，我们可以让知识有更有效和更广泛的应用。

那些考试中所谓的"偏题""难题""怪题"大多数情况下并不是"超纲"，很多没有解出答案的学生知道答案后都会大呼"原来如此"。这类题目只是对原有知识点更深层的变化和应用，是为了让学生从知识的模仿者转化为知识的效仿者，既是促进学生更深入地学习知识，也是对学生知识理解程度的检验。

所以，学习知识不要一味死记硬背，不要只是复制或重复，不要只是简单模仿；要回到知识产生的源头去多问几个为什么，从各个角度去理解知识产生的原因和背后的原理，从而举一反三，融会贯通。

1.3 海马体：根据遗忘规律强化记忆

为什么很多人学习时总是记不住知识呢？如何做到有效记忆呢？

记忆是存储在大脑中的信息。计算机中的文件是存储在硬盘中的，大脑中的记忆是存储在什么地方，又是如何存储的呢？

根据脑科学研究，记忆是存储在人类的神经元中的。人的大脑中有超过1000亿个神经元。这些神经元通过突触互相连接，就像蜘蛛网一样。

人们每一次从大脑中提取记忆的过程，都是从不同的神经元中提取信息的过程。所谓没记住，既可能是记忆没有得到有效存储，也可能是提取路径出了问题。

人类进化了千万年，但身上始终保留着原始的生存本能。为了让自己更好地活下去，大脑会尽可能节约资源。于是，大脑把记忆分成了两种——长期记忆和短期记忆。

一般来说，比较重要的信息，大脑会将其存储到长期记忆中；相对不重要的信息，大脑会将其存储到短期记忆中。

例如炒菜时，热油溅到手上把我们烫伤了，我们感觉很疼，大脑认为这很重要，因为这已经影响到个人安全了，所以这件事会被收入长期记忆。今后无论什么时候，我们看到热油都会记得这件事，甚至原来被烫伤的部分仿佛还会隐隐作痛，这样我们会尽量避免被热油溅到。

然而问题来了，一些我们平时自己想要学习的知识，或者老师教授的知识，在大脑看来似乎与生存无关。那些看起来无味的古诗散文、看起来无趣的公式、看起来无聊的英语作文，在大脑"眼里"都是无关紧要的。

那么，谁担任着"大脑的眼"这个角色呢？海马体。

说到记忆，怎么都绕不开大脑中的海马体。海马体是记忆的开关，它是大脑的"检查员"或"守门人"，决定了人们应该记住什么，应该忘记什么。既然海马体对记忆来说这么重要，要想提高记忆力，就要了解海马体的运作原理，善用海马体。

为什么信息要进入长期记忆那么难呢？

因为人类每天接触的信息量太大了，大脑的"自我保护机制"让我们接触到的信息不那么容易被记住。有科学家推测，如果把我们每天看到、听到、想到的所有事情都变成长期记忆，大脑很快就会"死机"。

想象一下，你正在看这页内容，试着把文字全部都记住；然后，你接了个电话，试着把对话内容全部记下来；过一会儿你出门，试着把看到的所有东西记下来……其实我们每分每秒都会接触大量信息，如果要把每一条信息都记住是需要耗费大量"存储空间"和"运算能

康奈尔学习法
从记笔记开始，成就终身学习

力"的，也是没有必要的。

这时候，大脑就需要一个"检查员"或"守门人"来判断哪条信息重要。重要的信息就保存到长期记忆中，不那么重要的信息就只是暂时存储一下，很快就会被新信息彻底覆盖。这个"检查员"或"守门人"的工作就是由海马体完成的。

海马体位于耳朵深处，直径约 1 厘米，长度约 5 厘米。因为它的形状很像小海马，所以科学家风趣地将其命名为海马体。

只有被海马体判定为非常重要的信息，才会被储存进长期记忆中。一般来说，除了与生存相关的事情（例如身体伤害类的事），其他事情很难一次就通过海马体的"检查"。

例如，虽然我们聪明，也知道在英语考试中获得好成绩需要记住很多英语单词，但为什么我们就是很难记住呢？因为我们生活在中文环境中，在海马体看来，英语单词根本不重要，即使完全不会，也不会危及生命，所以海马体不会让英语单词类的记忆轻易通过。

为什么很多母语是中文的人，到了用英语的国家生活后很快就学会了英语呢？因为在大家全都用英语交流的环境中，不懂英语不仅难以融入周围环境，而且可能影响衣、食、住、行等正常生存需要。

所以，我们要做到深度记忆、长期记忆，就要想办法用好海马体。既然海马体有自己的原则，我们就按照海马体的原则办事即可。

海马体认为什么事更重要呢？常见的有以下两种情况。

（1）一段时间内反复出现的事。

（2）与生存问题相关的事。

如何让记忆通过海马体的"检查"，进入长期记忆呢？根据德国心理学家赫尔曼·艾宾浩斯（Hermann Ebbinghaus）发现的遗忘曲线，短期记忆转化成长期记忆需要不断重复。记忆就是与遗忘对抗，所以我们需要多次、间隔地反复复习。

遗忘曲线告诉我们，遗忘呈现出先快后慢的规律，随着时间流逝，记忆保留的大致比例如下。

20 分钟后，记忆保留 58.2%。

1 小时后，记忆保留 44.2%。

1 天后，记忆保留 33.7%。

2 天后，记忆保留 27.8.%。

6 天后，记忆保留 25.4%。

1 个月后，记忆保留 21.1%。

千万别以为自己是个天才，可以摆脱遗忘曲线的规律。历史和经验告诉我们，每当有人这么认为的时候，他都会为此付出代价。那些所谓"过目不忘"的人，要么是得了一种极为罕见的大脑疾病——超忆症，要么是使用了相关记忆方法进行训练。

得超忆症并不是什么美好的事情，前文已经提过，如果大脑把一个人看到、听到的所有事物都记住，那将是一种沉重的负担；而几乎所有的记忆方法都是让人在短时间内记住较多的信息，并且不会在短时间内遗忘掉这些信息。

知道这个规律后，要对抗遗忘，就要运用规律刻意复习，找到有助于记忆的复习时间点。常见的复习时间点有 8 个：5 分钟、30 分钟、12 小时、1 天、2 天、4 天、7 天、15 天。

老师们放学后留的作业，其实是非常科学的，目的正是帮助我们加深记忆。所以不要讨厌作业，要重视作业。正确完成作业，就是在对抗遗忘。

学校设置的阶段性考试（如周考、月考）也很正确，必须这样才能让短期记忆成为长期记忆。同样，我们也应当参照遗忘曲线，对自

康奈尔学习法
从记笔记开始，成就终身学习

己进行定期的自测。

除了在不同时间段复习，我们还可以应用"检索"的方式复习。这样做能构建大脑神经元的连接，让记忆更深刻。

笔者高中时有个同学小李，每天晚上都花很多时间重读笔记和课本，成绩却没有提升。久而久之，他状态不佳，对学习也有了抵触情绪。

笔者告诉小李，不要对着笔记复习，复习时要把辅助材料拿走，自己重新总结、单独做题，总结完毕后，再和笔记对照，这种查漏补缺式的复习效果更好。

笔者有个心得：必须要学得"慢"，学得"痛苦"，这样才能刺激大脑，记得更牢固。为什么呢？

如果把我们学习的每个知识点比作一颗珠子，课本和笔记就是按照特定的顺序串好的珠子串，第一个知识点连接着第二个知识点。复习是什么？正是对串珠子的线进行加固。防止中间的线断掉，珠子散了，后面的内容就记不起来了。

但应用知识时，我们并不是按照学习的顺序。有时候，我们需要根据第五个知识点找到第一个知识点，或直接跳到第七个知识点。

这就需要我们从不同角度、不同方向，将知识点连接起来，然后反复强化这些连接方式，才能达到真正的记忆和理解。

简单地按照课本和笔记复习，虽然记得非常快，但学习效果并不好。

1.4　多巴胺和内啡肽：为学习提供强大自驱力

为什么很多人不喜欢学习？

与其说很多人不喜欢学习，不如说很多人不喜欢学习的过程。如果能够避免学习的过程，直接享受学习的成果，或者如果能将学习的过程简单化，相信绝大多数人并不会排斥学习。

动画片《哆啦Ａ梦》（又名《机器猫》）中有一集，主人公大雄因为记不住考试的知识，担心考试成绩差而焦头烂额，于是找到哆啦Ａ梦求助，希望哆啦Ａ梦能提供一个帮助自己通过考试的道具。

后来哆啦Ａ梦给了大雄一片记忆面包。只要把记忆面包贴在书上，印上书中的内容，然后把记忆面包吃下去，就可以记住书中的所有内容。如果学习新知识就像吃东西那么容易，除了患有厌食症的人，谁还会排斥学习呢？

然而，《哆啦Ａ梦》毕竟是一部动画片，现实中也没有记忆面包这种能让学习简单化的道具。多数情况下，学习的过程会让人不舒服，但学习的结果会让人很开心。

其实，不舒服≠痛苦。

这就像咖啡是苦的，但不代表咖啡会给人们带来痛苦；茶也是苦的，但不代表茶会给人们带来痛苦。相反，世界上有很多人喜欢喝咖啡，喜欢喝茶。他们不仅喜欢喝，而且每天都要喝。

对于从来没喝过咖啡和茶的人来说，第一口喝下去，多数人不会觉得好喝，可坚持喝上一段时间后，就慢慢适应了。很多人都说学习是痛苦的，但是看着"学霸"听课、做作业，学得也挺开心的，就像是那些喜欢喝茶的人在品一壶好茶，喜欢喝咖啡的人在喝一杯香浓的咖啡似的。

学习的过程到底能不能给人带来快乐呢？

首先，我们需要了解自己是如何感到快乐的。人的快乐和大脑中的两种物质密切相关，它们分别是多巴胺和内啡肽。

多巴胺是一种神经传导物质，是帮助神经细胞传送脉冲的化学物质。大脑通过分泌这种递质的数量来调节人们的行为。另外，多巴胺也与各种上瘾行为有关。

内啡肽是一种脑垂体分泌的类吗啡激素，它能产生止痛效果和快感。内啡肽也被人称为"快感荷尔蒙"或"年轻荷尔蒙"，可以帮助人保持快乐。

这两种物质都可以让人体验到快乐、愉悦等感觉，但两者的运行机制是不同的。有什么区别呢？

1. 多巴胺是一种奖励机制

很多人都会有这样的经历：拿着手机看短视频或新闻时，看完一条后会不停地点开下一条，似乎下一条的内容更精彩。激发这种强烈期待的物质就是多巴胺。多巴胺产生的饥渴感远大于满足感，从而误导大脑做出错误判断，让人不停地刷视频。当你有非常强烈的欲望去完成某件事时，你的大脑就会大量分泌多巴胺，驱使你继续实现目标，并在过程中获得满足，只不过对一些人来说，刷视频能带来多巴胺，而对"学霸"来说，学到新知识或考第一名能带来多巴胺。

2. 内啡肽是一种补偿机制

经常长跑的人会有这样一种感受：刚跑起来后不久会有劳累的感觉，渐渐感到好像身体被掏空；但如果坚持继续跑，劳累的感觉会逐渐消失，转而逐渐感到体能恢复，甚至变得情绪高涨，跑步结束后一整天都会觉得心情和状态非常好。这是因为大脑大量分泌内啡肽，作为对痛苦的补偿。

当我们在准备了很久的期末考试中取得好成绩的那一刻，复习过程中的单调、无聊、痛苦都会烟消云散。这种体会多数是内啡肽给我们带来的。

所以，多巴胺让我们对理想产生渴望和动力，内啡肽则在实现理想的过程中帮我们缓解痛苦。这两种物质，都是我们学习路上的"好伙伴"。

那么，我们要怎样在学习过程中合理利用这两种物质呢？

1. 心理暗示

面对不愿意学的学科，要多想想学好这门学科的好处。例如，考取好成绩后，通常会得到老师、家长、朋友等身边人的表扬，班级排名也会上升。如果这门学科与决定自己人生的考试相关，想一想考试通过后自己的那种喜悦，是不是很心动呢？

2. 坚持运动

运动能促使大脑快速分泌内啡肽，但要达到一定强度和一定时间。跑步、骑自行车、游泳或做各种球类运动等持续30分钟以上，大脑会分泌内啡肽。当然，持续学习的过程中大脑也会分泌内啡肽。所以不喜欢学习时，不论如何先学起来，学着学着，就会发现自己好像也没那么讨厌学习。

3. 保持好心情

有实验表明，大笑能立刻让大脑分泌大量内啡肽，让人瞬间感觉良好。大笑也能帮助人们缓解压力，有益身心。所以，每天让自己保持好心情，和朋友多开一些无伤大雅的玩笑，或适度看一些笑话，对学习也会有所帮助。

以上只是一些常见的方式。我们可以结合自身情况，形成适合自己的一套方法。一旦学习的过程变得不再痛苦，我们就可以积极面对各门学科。这时，大脑就会更为主动地接受新知识。结果就是，学得更快，记得更牢，成绩也更好了。

1.5 行为习惯：触发学习的自动化机制

要减少学习带来的痛苦，享受学习的乐趣，提升学习的行动力，最好的方法是养成好习惯。

如果我们仔细观察"学霸"，会发现每个"学霸"多多少少都有一些缺点，但无一例外，他们也都有一些普通人不具备的好习惯。

有的"学霸"习惯每天早起，利用早起的一段时间学习；有的"学霸"习惯睡前复习半小时，把白天学到的重点复习一遍；有的"学霸"习惯整理错题集，发现和研究自己犯过的错误，从而让自己不再犯错。

养成了好习惯，做事时就不会总是需要主动要求和提醒自己，很多行为可以自然发生。

减肥后的反弹大多是因为我们没有把这份看似难受的坚持化为习惯，而将其看作阶段性任务。这就好像有些人把考上名牌大学当成人生的终极目标一样，一旦达成，就好像人生圆满了，可以随便玩游戏，随便放纵自己，随便到毕业"混"到文凭就好。他们忘了人生的路很长，这才走了一点点而已。

重要的不是我们要在某个阶段完成什么，而是我们要成为一个什么样的人，我们为了成为那样的人应养成什么习惯。

好习惯能够成就一个人，即使他的天赋并不超群。

古希腊哲学家爱比克泰德（Epictetus）说："不要把信仰挂在墙壁上。假如你想做事，就得养成做事的习惯；假如你不想做事，就别去沾边。"

如果只让信仰停留在口头上，那是毫无意义的。

时间久了，习惯就变成了品质。其实习惯和品质两者本就相辅相成，习惯铸就品质，品质促成习惯。

所以说，好习惯对人的影响无限大。

既然养成好习惯有助于我们更好地学习，那么利用我们有限的自制力去构建这样一套习惯体系，就是保障行动力的关键。

构建习惯体系并不是一件轻松的事，原因在于很多人不知道习惯养成的原理。习惯的养成依赖于 4 个元素：信念、触机、惯性行为和奖励。

1. 信念（Belief）

信念是习惯养成的顶层条件，是"为什么"的答案。

为什么有人要养成早睡早起的习惯？因为他的信念认为，这对自己的身心健康有好处。为什么有人要养成每天晚上放学后学习 3 小时的习惯？因为他的信念认为，这对自己未来的发展有好处。

而有人对早睡早起和每天学习 3 小时这种习惯并不在意，这可能是因为他的信念认为，这些跟健康和发展没有太大关系。

有没有关系是"事实"，认为它们有没有关系就是"信念"。强化正确的信念有助于获得精神上的正反馈和积极的动因。

2. 触机（Cue）

触机是触发习惯的开端，就像是手枪的扳机，扣下扳机后，子弹才能射出去。习惯的触机有很多，可能是时间、地点、事件或场景。

例如，我们早上刷牙洗脸这一系列动作的触机是起床这个动作；如果有人每天在睡觉前习惯看微博和朋友圈，那么触机可能会是他躺下来盖上被子的动作；如果有人习惯在家里的客厅看电视，那么他可能一回到家就会下意识地打开电视。

触机是大脑中一个习惯的开端，是养成习惯的必备一环。触机本身没有好坏之分，决定习惯对我们是否有利的，是触机引发的一系列惯性行为。

3. 惯性行为（Routine）

该行为之所以被称为惯性行为，是因为它是无意识的。例如，有人一开电脑，就会先打开网络游戏；有人一到办公室，就会先泡一壶茶。

在建立新习惯的过程中，我们需要利用自己的自制力修正那些引起负面效果的旧的惯性行为，将其替换为新的惯性行为。

在更正惯性行为的过程中，我们需要格外留意它的触机，同时关注自己的行为，并不断提醒自己不要重蹈覆辙。

这一步非常消耗时间和精力，我们可能要与旧的惯性行为反复拉锯，因为要建立良好的惯性行为不仅需要用自制力去克服旧的惯性行为，还需要在行为结束时获得一定的正向反馈，也就是接下来要说的"奖励"。

4. 奖励（Reward）

奖励是习惯养成中至关重要的一环，它往往容易被我们忽略。

为什么坏习惯容易养成且难以改变？因为它们带来的奖励往往即时且明显。

好习惯难以形成，恰恰是因为带来的奖励不够明显。背单词、健身这些行为往往需要较长的时间才能看到效果，有些人天生能从这些过程中获得精神激励，但大部分人不行。

所以，我们需要适时地给予自己一些奖励，例如记录自己的成长和进步，达成一些小目标时吃些好吃的庆祝一下等。

对于习惯的养成，需要保持积极的、开放的、成长的态度。如果想养成学习和健身的习惯，就多去看看那些可以享受学习、享受健身的人是怎么做的，尝试去学习他们的方法，把目光放在积极的方面，而不是怀疑自己。

1.6 心理建设：战胜偏科的3种方法

许多老师和家长对学生的偏科问题感到头疼。实际上，天生就能把所有学科都学好的学生是很少的，多数学生都有偏科问题，只是程度有所不同而已。笔者有很多"学霸"朋友，他们也存在偏科问题。很多时候只是因为考试恰好考了他们都会的知识，才没有体现出他们也存在弱势学科。

偏科不是无缘无故产生的，也不是没有应对方法的。找到原因，发现学科之美，我们就可以有效应对偏科。

要应对偏科，我们首先要知道偏科是如何形成的。

偏科形成的原因及纠正过程如图1-1所示。

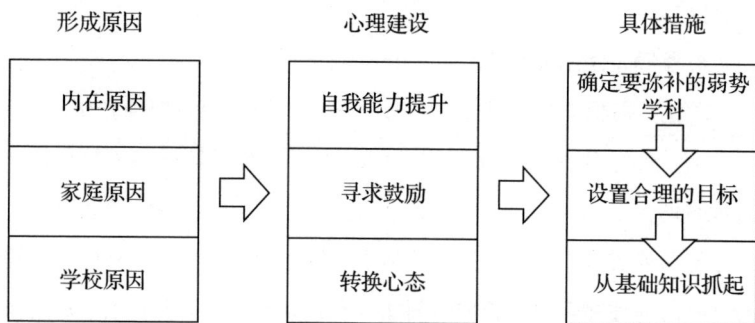

图1-1 偏科形成的原因及纠正过程

每个人的天赋和经历不同，偏科的原因也可能有很多种，其中比较常见的原因有3类。

1. 内在原因

逻辑能力强的人，往往擅长数学、物理、化学这类学科；语言能力强的人，则可能更擅长语文、英语、历史这类学科。因为每个人的天赋不同，所以即使投入相同的时间和精力，每门学科的成绩也会存在差异。

2. 家庭原因

人是生活在环境中的动物，环境对人有潜移默化的影响，家庭环境对学生的影响更是非常关键。好的家庭环境有助于学生建立学好某门学科的信心。

例如，父母可能说"我上学时数学就学不好，恐怕我的孩子也不行""女孩子学不好数学很正常""我的孩子脑袋不灵光，学数学肯定不行"等。这些话会让很多学生认为自己就该学不好数学，一旦有了这种心理暗示，他们大概率就真的学不好数学。

3. 学校原因

我们在学校学习时很容易受到授课老师一言一行的影响，很可能因为对授课老师个人的好恶而产生对某门学科的喜欢或厌恶。

例如，笔者初中时的语文老师为人很古板，不苟言笑，讲课也很枯燥，让笔者不太喜欢，那时笔者的语文成绩就很不好；而那时的数学老师为人和善，讲课幽默，也很关心学生，导致笔者的数学就学得很好。

我们的心态直接决定了我们能否学好一门学科，尤其当学习弱势学科时，更需要我们做好心理建设。针对以上 3 种原因，存在 3 种对待方式。

1. 对待内在原因

逻辑能力和语言能力都是能够通过后天努力逐步培养的，只是有的人发展得快，有的人发展得慢，从而表现出所谓的天赋差异。但只要刻意练习，每个人在这两方面的能力都会提升。可如果一味逃避，造成对应的练习不足，则可能导致相应的能力始终无法提升。

2. 对待家庭原因

很多父母所谓"自己不行""孩子不行"之类的言论可能是自谦或误判，也可能是一种口头禅或固化思维，我们要注意别受父母这方面的影响。父母也要注意避免这类行为，不要给孩子造成负面的心理暗示。

如果父母这么说是为了显现自己谦虚、不骄傲，学生可以和父母沟通，让他们明白这样的话不仅会对自己的信心造成打击，而且不能帮助自己解决问题。

对于弱势学科的学习，我们要争取得到父母的鼓励、支持和帮助，就算没有这些，也不要让他们在言语上贬低我们。

3. 对待学校原因

在学校中，有不喜欢的老师是正常现象。但我们要明确一点，讲课是老师的事情，学习是我们的事情。所谓的不喜欢，只是我们不习惯老师的个人风格，而不能先入为主地将其与自己对学科的判断联系在一起。

另外，所谓的不喜欢，可能只是对有些行为看不惯，这时候我们反而应该调整自己看待人和事物的态度。当我们离开学校，踏入社会，必然会遇到各式各样的人，我们不可能喜欢接触到的所有人。很多时候就算我们不喜欢，也要适应，要学会跟那些自己不喜欢的人打交道。

为什么我们不现在就尝试接纳那些自己不喜欢的老师呢？所谓接纳，不是让自己喜欢，而是把喜欢或不喜欢这类情绪问题放到一边，盯着主要问题，做好自己该做的事，不要因为对人的好恶耽误了自己的学业。

理解了偏科形成的原因，做好对偏科的心理建设后，针对弱势学科，我们就可以想办法弥补了。

1. 确定要弥补的弱势学科

如果有多门弱势学科，我们应该从哪门学科开始弥补呢？

我们可以选择从最差的学科开始弥补，因为最差的学科学不好往往是因为没有掌握学科的门道。我们一旦掌握，往往能够获得比较大的进步，从而增强自己的学习信心。

2. 设置合理的目标

冰冻三尺，非一日之寒，弥补偏科也不是短时间能完成的。所以，我们要设置合理的目标。有的学生原本某学科的学习成绩较差，却总想在短时间内考试达到很高的分数。努力无果后，自然会感到十分失望。

如果学科成绩处于班级垫底，给自己设置的目标可以是争取每次模拟考试都能进步 2~3 个名次；如果成绩已经处于中游，则争取每个学期前进 2~3 个名次。这样可以避免目标难以完成，打击自信。

3. 从基础知识抓起

大部分学生的弱势学科成绩不好都是因为基础知识掌握得不牢固。实际上，只要把课本中的每个知识点记住并理解，能顺利完成课后作业，一般就能取得不错的成绩。

所以我们可以按照课本做好计划并坚持执行。例如，可以每天学习一个基础概念，独立完成课后的一道题目，每个月自我检测一次。

笔者上高中时有个同桌数学成绩不好，高三时，他的数学成绩差到不及格。他补习数学的策略是夯实基础知识，保证选择、填空等基础题目都会做，至于难题，可以策略性地主动放弃。结果他高考时数学考了 120 分（满分 150 分），顺利考上了重点大学。

偏科不可怕，关键是找到偏科的原因，有针对性地做好心理建设，确定要弥补的弱势学科，设置合理的目标，从基础知识抓起，就能解决偏科问题。

1.7　智力构成：越努力越聪明

很多人有这样的认知：学习好的孩子都聪明，学习不好的孩子往往不开窍、比较笨、智商低等。因此，有人得出一个结论：只有聪明人才能当"学霸"。这导致很多学生因自己学习不好，就认为自己天生不聪明，不是学习的料，当不了"学霸"。

事实真是这样吗？其实不是！

著名的"天才"物理学家理查德·菲利普斯·费曼（Richard Phillips Feynman）在高中时测过智商，只有 120 出头。这个智商虽然不低，却也没那么出众，尤其是与他取得的成就相比，就显得格外普通了。

不要说费曼了，笔者身边有很多"学霸"朋友的智力测试结果也都是普通水平。我们如果多留心观察一下周围那些学习好的人，也会发现这样一个道理——"学霸"并不一定都是智商高的人，智商普通的人一样可以学习好。

什么是聪明？

公认衡量聪明的标准是智力，也被称为智商，人们发明了很多智力测试方法。1905 年，阿尔弗雷德·比奈（Alfred Binet）编制了第一份可实施的智力测验表。比奈认为，智力由三大核心要素构成，分别为逻辑能力、语言能力和热情。我们所说的聪明，其实就是逻辑能力强、语言能力强，对学习有热情。

智力是天生的，后天无法改变吗？

当然不是！

从学习的角度看，学习语文可以提升语言能力，学习数学可以提升逻辑能力。这就是为什么基础教育要从这两个学科入手。

当我们明确衡量聪明的标准后，就会发现聪明是有迹可循的。只要语言能力好、逻辑能力好，有行动的热情，一个人势必聪明。并且研究表明，随着持续有效的学习，人的逻辑能力、语言能力得以不断强化，人的智力水平会逐步提升。

成为"学霸"不一定需要天生聪明，通过正确的学习方法和自身努力，我们即使原来不聪明，也会变得越来越聪明。有句话叫"聪明人都懂得下笨功夫"，也许不是因为先是"聪明人"，后"懂得下笨功夫"，而是因为先"懂得下笨功夫"，后成了"聪明人"。

当然，一定会有人这样反驳："我本人或我身边的某人每天都在学习，但也没见有学习成效呀。相比之下，似乎还是'学霸'比较会学习，而且有学习成果。那些怎么学都学不好的人，不是代表了他们不聪明吗？"

实际上，很多人学不好是因为学习效率低，而非自身条件差。有的人能够充分运用时间，做到将知识有效吸收；有的人则是过眼不过脑，可能看了又看，却没有进行有效的思考。同样是学习两个小时，有的人可以吸收 90%，有的人则只能吸收 10%。

如何提升学习效率呢？

（1）采取有效的学习策略，让学习事半功倍。

（2）制订合理的目标，并针对目标制订学习计划。

（3）调节心态，把学习变成一件快乐的事，让行动变得容易。

（4）用好学习笔记，做好知识复盘。

（5）掌握考试技巧，做到轻松应试。

（6）善用学习工具，采用更有效的学习技巧。

以上所有能提升学习效率的方法，将在接下来的内容中详细介绍。

2

学习的策略：
学习高手都在用的现成方法

关于高效学习，康奈尔大学有一套官方建议的方法和策略。本章一方面会总体介绍这些学习策略，另一方面会介绍适用于康奈尔学习法的一些基础工具。

2.1 康奈尔策略：成就学习高手的基本方法

基于学习的原理，为保证有效学习，学习者可以在学习时采取以下 4 个策略。

1. 检索练习

检索练习指的是主动回忆学过的知识，并将其用不同的形式写在纸上。这里不同的形式可以是文字，可以是图形，可以是表格，可以是思维导图，也可以是流程图等。总之，只要是用自己的方式来表达学到的知识就可以。

检索练习因为用一张白纸就可以完成，所以也被康奈尔大学称为"白纸测试"。检索练习不仅有助于学生对知识的记忆和学习，而且实施起来非常简单，只要有一张白纸和一支笔，随时随地都可以进行。

检索练习是一种强制输出。通过输出，我们会发现自己到底有没有真正掌握知识，可以检测自己到底哪些维度上的知识还有欠缺。很多时候我们觉得自己懂了，但在做检索练习后，可能发现自己根本没懂。

对很多学生来说，实施检索练习也许是比较难的，因为需要在完全不看任何提示的情况下用自己的理解完整地复述学到的知识。但也因为这种难，学生做这项练习的时候需要进行大量的脑力劳动，从而得到很好的学习效果。

2. 交错学习

很多人觉得用大量时间学习单一领域的知识是唯一正确的学习方法。实际上，根据认知心理学的研究，大量集中式的学习方法也许适合某些人，但交错学习也是一种有效的学习策略，能显著提高学习效率。

很多人有个典型的错误认知，就是觉得持续学习会让大脑感到劳累，而让大脑得到休息的方法就是什么都不做。实际上，学习45分钟数学后，休息10分钟，再学习45分钟语文，再休息10分钟，再学习45分钟物理，休息10分钟，这种交错学习的方式，反而有助于大脑休息。这也是为什么多数学校每天的课程要这样安排。

我们在制订自己的学习计划，安排学习时间时，也可以采取交错学习的方式：学习一段时间的A，学习一段时间的B，再学习一段时间的C。与其采用"AAABBBCCC"式学习，不如采用"ABCABCABC"式学习。

3. 拉长周期

每天学习1小时，持续学习5天，比考试前集中学习5小时效率更高，记忆更持久。这也是对遗忘曲线的另一种应用。集中学习大量的知识，也许在较短时间内能够记住，但因为没有较长周期的重复和复习，这些信息很难形成长期记忆。

当前学习的知识是为未来打基础的。短期内为了考试进行的突击式学习就算能让自己顺利通过考试，之后如果没有定期复习，学到的知识很快就会被忘记，结果下次考试还要重新花更多时间学习。

所以不如早做计划，提前行动，拉长学习周期，让自己每天用相对较短的时间学习，给自己制订有效的学习计划，并坚决落实执行。

4. 吃好睡好

健康的饮食能够为大脑提供充足的营养，让大脑运转；优质的睡眠能够让大脑得到充足的休息，让大脑放松。所以，吃好睡好是学习好的前提。

很多人喜欢熬夜学习，尤其是到了快考试的时候。这样做短期看也许是有效的，但长期看是非常不健康的。为了保证大脑有足够的信息整理时间，我们需要保证每日的睡眠时间充足。如果睡眠时间过短，信息得不到整理，就会被自动遗忘。有效睡眠的策略如下。

（1）对适合午睡的人来说，建立午睡习惯。

大脑最擅长的是忘记，上午接收的信息，到了晚上，大脑就忘了一半。这时，我们可以通过午睡对上午接收的信息进行整理。午睡时间不要太长，30~60 分钟即可。

（2）睡前学习记忆性内容。

睡前的信息整理和组合非常有助于记忆，我们可以在睡前 1~2 小时学习记忆性内容，如记忆单词、背诵课文。

（3）选择合适的唤醒时间。

浅睡眠和深睡眠是交替进行的，一个周期是 60~90 分钟。

如果我们从浅睡眠被唤醒，可以很快清醒，并且心情愉悦；如果从深睡眠被唤醒，会感觉身心疲惫，心情也不好。

很多学生觉得午休后特别累，整个下午都心情不好，就是因为没把控好唤醒时间。

（4）傍晚打个瞌睡。

如果学习任务很重，经过白天 7~8 小时高强度的学习，感觉有些疲惫，而晚上还有别的学习任务，可以在下午 5 点后打个瞌睡。

与午睡的原理一样，这时只要半小时的浅睡眠，就可以让大脑得到充分休息，足以应对晚上 2~3 小时的学习任务。

2.2　共同学习策略：组建相互促进的学习小组

与志同道合的伙伴一起组建学习小组也是不错的学习策略。在学习小组中，与伙伴一起学习不仅是与同龄人交流和联系的好方法，也是高效学习的有效方法。

学习小组的成员可以拓宽我们的视野，解答我们不知道的问题；可以与我们共同学习、相互勉励，一起克服拖延问题；可以通过小组讨论和分享，来帮我们巩固学到的知识；也可以丰富我们看待问题的视角，开阔我们的眼界，增强我们的洞察力，有助于我们学会那些复杂的、有挑战性的知识。

具体来说，为什么要组建学习小组呢？

1. 获得讨论机会

讨论有助于加深对所学知识的记忆和理解。讨论的过程是不断听和说的过程，我们每听到一个知识点，都是一次输入，都是对已掌握内容的一次复习。

小组成员每次发言的时候都有具体的场景，那些生动的语气和表情会让我们的记忆包含更丰富的信息，产生的记忆效果远好于背诵和做题。

在小组成员水平很接近的情况下，每个人都有差不多的机会去发言，而我们每说到一个知识点，都是一次输出。在输出时，我们会对记忆进行检索，然后进行思考和整理，这可以加深我们对知识的理解。如果我们的理解有问题，小组成员也会第一时间指出。

2. 获得情绪价值

日常生活中，我们总会遇到一些不开心的事情，需要找人倾诉，但有些事情不方便对家长或老师说。这时候，我们就可以对小组成员说。

每个人在学习过程中都会遇到低谷，在这个阶段，我们如果能够获得别人的鼓励，就可以尽快走出这个状态，减轻对当前学业的影响。

毕竟同一个小组里的成员长期待在一起，很容易发现其他人的情绪问题。

3. 获得更高效率

多个人一起做同样的事，大家会不自觉地进行比赛，从而共同提高效率。

高中上自习课时，大家一起写作业，总会比谁写得又快，正确率又高。大学跑步的时候，笔者自己跑3000米要用15分钟，而和同学一起跑只要14分钟多一点儿。

这类现象被称为"社会促进效应"。毕竟每个人心里都是要强的，不想比别人表现得差。小组成员的能力都差不多，每个人都会想：只要我努力就不会被落下，甚至会超过别人。这样不仅有利于提升学习效率，还会促使我们养成良好的习惯——不拖延。

组建学习小组时要注意如下3点。

1. 不必受限

学习小组的成员不一定非要是同寝室的同学、同班同学或同专业的同学，甚至不一定非要是能够经常见面的人，我们也可以和互联网上的朋友组建学习小组。只要对自己的学习有益，物理空间并不是问题。

2. 互补效果

学习小组的成员不一定是与自己各方面相似的人，可以是能和自己在某个维度上形成互补的人。例如自己的数学成绩很好、物理成绩较差，那就可以找物理成绩很好、数学成绩较差的人加入学习小组。

3. 正面作用

学习小组的成员应当是能对自己的学习有比较好的促进作用和积极影响的人，如果发现小组中的某个成员没有起到积极正面的作用，要及时与其沟通，这样既能帮助他调整学习状态，也能避免让自己的学习效率受其影响而降低。

学习小组的价值是多方面的，它不仅可以帮助我们通过交流巩固所学知识，还可以为我们提供更多情绪价值，让我们以更高的效率完成学习任务。

有机会的话，可以尝试找几位对自己有益的小伙伴组成学习小组，一起进步。

2.3 提问式策略：通过讨论清扫知识盲区

为促进学生学习，康奈尔大学的教授和助教会利用课外时间与学生见面，这段时间在康奈尔大学被称为"办公时间"（Office Hours）。康奈尔大学设置"办公时间"的初衷，是给学生提供在课后与教授或助教见面讨论问题的机会。

需要注意的是，康奈尔大学的"办公时间"并不是类似要求学生放学后必须留下参与某个活动的机制，它不是强制性的，也不是为了让老师给学生做课后作业的辅导或"开小灶"讲更多的课。

在康奈尔大学的"办公时间"里，学生们可以与教授或助教当面讨论学习过程中遇到的问题。这些问题可以是课堂上没听明白的知识点或课下没看懂的教材内容，还可以是专业知识、学习计划、毕业要求、暑期实习、研究生学习、校园活动等与大学生活相关的事项。

康奈尔大学的教授或助教通常会在第一次课上或网站上宣布自己"办公时间"的规则。康奈尔大学把"办公时间"的自主权交给学生，教授或助教既不强制学生参与"办公时间"，也不规定学生参与"办公时间"的具体时间，一切为了满足学生的需要，由学生自主决定。

在康奈尔大学的"办公时间"里，校方鼓励教授或助教采取以下做法。

1. 用问题来回应学生的问题

最好的回答不一定是直接给出答案，还可能是用问题来引发学生的思考。教授或助教可通过提问的方式，引导学生进行思考，帮助学生发现问题的根源。

2. 要求学生澄清问题

弄清楚问题究竟是什么，以及问题为什么会出现是解决问题的关键。教授或助教可能会要求学生展示自己的作品，并要求学生说清楚究竟在哪里卡住了，还可能会要求学生解释自己在解决问题的过程中是如何思考的。

3. 让学生自己发现解决方案

有的问题得不到解决是因为只采用了单一的视角。当从不同视角看待同一个问题时，问题也许就会迎刃而解。教授或助教可能会要求学生转换视角，自己发现可能的解决或替代方案。

4. 解决另一个问题

很多问题之间有共性，可能 A 问题的解决方案也是 B 问题的解决方案，或者可能为解决 B 问题提供方法或思路。教授或助教可能会引导学生通过解决另一个问题来帮助解决当前的问题。

康奈尔大学"办公时间"的另一个重要角色是学生。学生对"办公时间"的态度、理解程度和重视程度决定了"办公时间"能发挥多大的作用。为高效运用"办公时间"，校方鼓励学生要提前做好如下功课。

1. 确定问题

"办公时间"基于对问题的讨论，所以必须有明确的问题。为此，学生要充分研究课本、笔记，在参与"办公时间"前确定好自己的问题。

2. 提前准备

学生不能简单地将问题抛给教授或助教，而是应当提前对问题进行充分的思考。另外，对问题的讨论要提前，不能等到考试或交作业的前一天才临时寻求帮助。

3. 保持耐心

"办公时间"中，可能同一时间有很多学生参与讨论，教授或助教无法同时顾及所有学生的问题。如果当前没有讨论自己的问题，学生要有耐心，保持良好心态，可以利用这段时间参与其他学生的讨论，也可以进一步研究自己的问题。

4. 心态开放

学生在讨论过程中要保持开放的心态，跟上教授或助教的思路。教授或助教可能会反问很多问题，可能会给出一些建议，可能会帮助学生制定策略，这些都是为了帮助学生更好地学习。学生如果抱着抵触心理，只想得到简单的答案，则可能收获甚微。

5.利用资源

在"办公时间"前，学生可以动用一切资源发现问题和解决问题，例如可以利用学习小组或非正式的家庭作业辅导小组。校方鼓励学生和朋友们一起参与"办公时间"。这样做的好处是可以在提问之前相互讨论，提前思考，从而重新审视问题，做好提问的计划，保证能够问出好问题。

对学习者来说，在学习过程中遇到难题时，可以找"过来人"询问或讨论；也可以在学习某知识时，寻找一位在这方面有丰富经验的导师，当遇到瓶颈时，尝试与导师讨论，寻求导师的帮助。

对教育者来说，除了为学习者提供系统的教学方案，还可以提供类似康奈尔大学这种教师和学生之间互动讨论的环节，帮助学习者更系统、更深刻、更高效地完成学习目标。

2.4　康奈尔贴士：给新生的 10 条学习建议

新生入学或进入新的年级，意味着将要面临新的学习任务。康奈尔大学对新生有 10 条学习建议，可以供所有学习者参考。

1.制订新学期的学习计划

学习要有目标，要有具体的计划和行动。目标、计划、行动三者缺一不可。

有了目标和计划，我们可以清楚自己努力的方向，通过行动来实现目标；可以了解每个阶段的进度，评估进展情况；可以明确实现目标需要的工具或资源，以便提前准备；可以合理分配时间，高效运用时间；可以清楚自己需要什么支持，需要谁的支持，以便及时寻求帮助。

2. 浏览教学大纲，把考试时间，交作业、交论文的截止时间以及一些重要课外活动的时间提前写在日历上

这是给自己的学习目标和计划设置截止时间。每个目标都要设置实现的期限，也就是不仅要说清楚用多长时间完成，还要明确在哪个时间点完成。为目标设置实现的截止时间后，我们会产生紧迫感，会在完成目标的过程中更专注，效率也更高。

例如，张三给自己制订了每天用 1.5 小时完成作业的目标。但是什么时候开始做作业，什么时候结束，张三并没有在制订目标的时候说清楚。

这就可能造成张三回家后先做一些与作业无关的事，结果到晚上10 点该睡觉时，才想起来要做作业。这样做作业的时间就会占用睡觉时间，影响身体健康。

没有截止时间的目标等于没有目标。张三可以制订每天用 1.5 小时完成作业，晚上 6 点 30 开始写作业的目标；或每天用 1.5 小时完成作业，晚上 8 点之前完成的目标。

对于暑假作业或寒假作业，张三可以制订每天完成作业的进度目标，同时制订自己在寒暑假结束前 3 天必须完成全部作业的目标。

3. 制订一个每周的时间表，内容包括上课、讨论、写作业、自习、锻炼等活动的时间安排

这个时间表可以为自己每天的行动提供依据，随时提醒自己每天应该在什么时间做什么，并严格参照执行。需要注意的是，制订时间表也许不难，难的是严格按照这个时间表持续行动。

为保证自己持续行动，可以尝试让自己养成严格按照时间表行动的行为习惯：在自己严格按照时间行动后，给自己一些小奖励。

4. 新学期开始的前几周要多花些时间在学习上，这样就不容易在第一次考试中失利

学习是一个付出后才能收获的过程，犹如春种秋收。要想考试取得好成绩，就要好好学习，这是再简单不过的道理。

把时间和精力花在什么地方，就会收获相应的东西。时间和精力如果花在吃上，通常会收获身上的肉；如果花在玩上，通常会收获一段回忆；如果花在读书上，通常会收获知识和远见；如果花在工作上，通常会收获事业。

问题不在于我们有没有时间，每个人每天的时间都是一样的；问题在于我们如何选择运用自己的时间。

5. 照顾好自己：好好睡觉，好好吃饭，好好锻炼

身体是学习的本钱，拥有健康的体魄，才有学习的资本。这就好像是一个数字，身体是前面的 1，学得再多，成就再高，也是在后面加 0。后面的 0 加得再多，没有前面的 1，这个数字也只是 0。只有前面有 1 时，这个数字才有价值。

作为学生，每天的日常由学习和生活组成，两者相辅相成。我们只有处理好生活中的各种问题，才能保证高效学习。否则，糟糕的生活只会拖累我们。

虽然大脑的重量大约只占全身重量的 2%，但它需要消耗全身20% 的能量。如何为这个耗能大户提供足够的能量呢？我们需要从吃饭、睡觉和锻炼这几个角度做好"后勤工作"，否则大脑很难高效运作，学习效率也不高。

6. 每天复习笔记

学习是一个长期过程。我们在课上"掌握"的知识更多是被记住了，而不是真正掌握了。所以课后，我们必须定期复习，巩固记忆，逐步理解所学知识，这样我们才能把老师讲的变成自己的。

7. 保持你的房间整洁有序

著名积极心理学家乔丹·B. 彼得森（Jordan B. Peterson）教授建议人们把自己的房间整理得井然有序，因为这样做有助于把自己的状态调整到最佳。

同理，《弟子规》中说："房室清，墙壁净，几案洁，笔砚正。"没有干净整洁的学习环境，我们又怎么能安心地、专注地学习呢？

8. 多做题，多做自我测试

自我测试不仅可以巩固知识点，还能把知识记忆转化为经验记忆，让记忆更牢固。

9. 找到适合自己的行为习惯，构建一套有益于养成好习惯的行为模式并坚持下去

人是习惯的动物，人一天中的绝大多数行为都基于习惯。养成学习的习惯，能大大减少靠意志力迫使自己学习的次数，让每天的学习自然发生。

要养成好习惯，需要为自己构建一套高效、健康的行为模式，长期坚持这套行为模式，习惯将在不知不觉之间养成。

10. 有效应用"办公时间"，多问问题

前文介绍过康奈尔大学的"办公时间"，也提到了它对我们的相关启示，这里不再赘述。

不论是在校学生还是职场人士，要让自己有效学习，可以参考这 10 条建议，为自己建立学习的行为准则。

这 10 条建议所对应的学习方法的详细扩展内容和应用方法，将分别在本书不同部分中讲到。

2.5　概念图策略：将多个知识点关联起来的方法

康奈尔大学的学生们会通过画概念图来厘清知识点和知识点之间的关系，从而提升对知识的理解能力和记忆力。

概念图（Concept Mapping）是学习者对学到的概念进行理解后，用关键词和图形化、结构化的方式将其呈现和描绘出来，从而说明这些概念之间的关系的图形。概念图能够帮助我们对知识产生更深刻的理解和思考，帮助我们更好地记住知识。

概念图与思维导图（Mind Map）的制作逻辑相似，但侧重点有所不同。思维导图通常是从一个概念出发逐级分解，多数情况遵循由上到下、由大到小、由少到多的拆解逻辑关系。而概念图并不强调这种逐级拆解，而是强调不同概念之间的关系。

表达概念图含义和关系的概念图如图 2-1 所示。

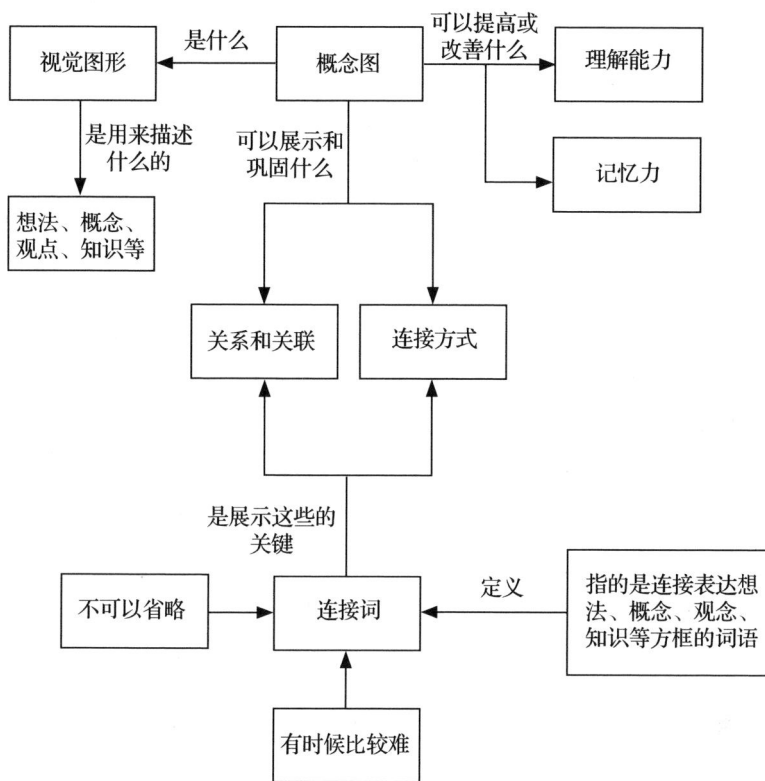

图 2-1 表达概念图含义和关系的概念图

从图 2-1 能看出，概念图就是用一张图来表达与某个知识点相关的所有主要想法、概念、观点或知识（以下统称知识点），并用连接线将其按照某种逻辑连接起来。连接之后，要在连接线边上写出这些知识点之间的连接关系。

康奈尔大学的很多学生在应用概念图时发现，把写在方框中的这些知识点连接起来反而是比较难的。将这些知识点连接起来的连接词是组成概念图的必备要素，也是展示知识点关联性的关键。所以不能省略这个部分，只写方框里的内容。

需要注意的是，概念图是高度个性化的，因为每个人对知识点的理解方式不同，所以每个人画出的概念图是不同的。同样，随着理解的深入，同一个人在不同时间对同一类知识点画出来的概念图也可能是不同的。

画概念图的过程正是自己学习、理解、记忆知识的过程。不要想着拿别人画好的、现成的概念图为自己所用，要真正学会知识，就要自己画概念图。概念图可以应用到任何学科的学习中。

画概念图可以参照如下步骤。

（1）通过头脑风暴构建自己想要学习的蓝图。在这个过程中，不断浏览教材的章节标题、课堂笔记或其他学习资料，确保自己没有遗漏任何知识点。可以用笔在便签或小纸片上写出这些知识点，并给这些知识点编号。

这一步有点儿像计算机中的"建立缓存"，是将所有的知识点盘点后暂时存储，以便接下来可以快速提取和使用。当然，你如果已经很清楚所有知识点都有哪些，可以省略这一步。

（2）从当前所有的知识点中选择一个，可以是自己认为比较重要的，可以是教材中某个章节的标题，可以是专题讲座的题目，可以是最近听课时恰好听到的主题，可以是自己比较熟悉的，可以是自己认为有趣的话题，也可以是随机挑选的。

（3）拿出一张白纸，把这个知识点写在白纸中间，用方形或圆形框起来，当然也可以将其写在黑板或白板上的中间位置。然后，思考第一步盘点出的所有知识点和当前写下的知识点有什么连接关系。

常见的连接关系包括层级关系、延伸关系、解释关系、时间发展关系等。进行第一步的价值就在于，如果不盘点当前所有的知识点，很可能一下子想不到或想不全它们之间的连接关系。

如果在这个环节遇到问题，可以尝试与学习小组成员或学习伙伴一起解决。这时候我们很可能会发现对于同一个知识点，不同的人有不同连接关系的解释。这很正常，因为每个人的思维逻辑是不同的。有些时候可能差异很大，但这并不代表谁是错的。

我们不一定要根据别人的连接方式来修改自己的连接方式。试着理解别人的连接方式和背后的思维方式，有助于拓宽自己的视野，也有助于重新审视和检查自己的概念图是否准确，判断自己对知识点的理解是否存在误差。

（4）填充知识点之间的连接词。连接词说明了这些知识点之间的连接方式。如果写不出某个想加入的知识点与第二步选出的知识点的连接词，则应当将其移除。

有时候我们觉得某些知识点之间应该有联系，但真正要说清楚这种联系的时候，却说不出。这可能是因为二者其实并没有联系，只是自己的误判；也可能是二者之间的确有联系，但自己的理解能力和总结能力不足以说明这种联系。这时候，审视别人的概念图能帮助自己弄清楚到底是哪一种情况。

（5）做检查。在画完第一版概念图后，检查第一步盘点出的所有知识点是否与第二步写下的知识点之间还存在某种联系，也就是检查是否遗漏存在联系的知识点。

在这个过程中，我们可能会发现一些在第一步没有发现，但和第二步写下的知识点有某种联系的知识点，这时候要将它添加进去。

（6）尝试把某学科所有的知识点合并，放到一起，形成一张巨大的概念图。做这一步的时候，可以把这个学科之前做过的所有概念图放在一起。做好整个学科的概念图后，我们可以将这个学科的知识点尽收眼底。

制作概念图的方法有很多，只要能得到一份理想的概念图，有助于学习，都可以应用。以上步骤适合初次接触概念图的人。在制作概念图的过程中，我们可以不断摸索，形成一套适合自己的概念图制作方法。

2.6　组块策略：把内容拆分成小块更容易学会

人们在刚开始学习陌生知识的时候，往往很难将其记住，有时会感到力不从心，有时会感到无从下手，甚至可能会因此对学习丧失信心。

实际上，我们可以化大为小，把大块的知识变成小块，一下子学不会，就分批次、分阶段地学习，经过一段时间后，自然就能全部学会。这种化整为零的学习方法，叫组块拆分。

这就像是拍摄电视剧，一部电视剧可能有 20 集，每集电视剧中有不同的场景、不同的桥段。要完成整部电视剧的拍摄，就要根据剧本提前规划好每一集的场景，将整部电视剧分成多个拍摄任务。完成所有的拍摄任务后，经过剪辑、配音、后期处理等工作，就能形成一部完整的电视剧。

组块拆分是康奈尔学习法的基础概念。关于组块和组块拆分，笔者在后文中会多次提到。

什么是组块？

1956 年，曾任美国心理学会会长的美国心理学家乔治·A. 米勒（George A. Miller）在《心理学评论》（*The Psychological Review*）上发表了一篇文章《神奇的数字 7±2：我们信息加工能力的局限》（*The Magical Number Seven, Plus or Minus Two: Some Limits on Our Capacity for Processing Information*）。

米勒认为，人的短期记忆只能记住 7±2 个组块的信息。实际上，多数人短期记忆能记住的组块是 3~5 个。

组块不是指一个特定的符号，而是人们在记忆时，划分信息组别的单位。

例如有这样一串数字"1 2 8 3 2 6 8 5 1 9 8"，对于多数人来说，很难在短时间内将这 11 个毫无关联的数字存入短期记忆。但如果把这 11 个数字想象成手机号码，将其分成 3 组，分别是"128""3268""5198"，记忆难度将大大减小。

原来记不住，是因为将其看成 11 个不相关的数字，有 11 个组块。根据米勒的研究成果，这个数量已经超过了人的短期记忆能够记住的组块数。后来能记住，是因为将其看成 3 个不相关的数字组，有 3 个组块，是多数人可以短期记住的组块数量。

1 个数字可以是 1 个组块，1 组少于 5 个的无规律数字也可以是 1 个组块。1 个字可以是 1 个组块，1 个有意义的词语也可以是 1 个组块。例如，"你""我""他"可以构成 3 个组块，每个组块 1 个字；"你们俩""我和他""咱们仨"也可以构成 3 个组块，每个组块 3 个字。

我们通过将知识拆分成适当的组块来进行记忆，能让记忆变得更容易，学习效率更高，最终能够记住更多的信息。

把知识拆分成组块有什么好处呢？

1. 知识梳理

拆分组块的过程也是梳理知识的过程。梳理知识能让我们更清晰地看到知识的全貌，理解知识的内涵，便于从整体上把控知识的脉络。

2. 落实计划

知识被拆分成组块后，有助于制订和实施学习计划。每个组块要学习的内容需要的时间更短，更有可能让学习计划落地。

3. 积极反馈

拆分组块的本质是化大为小。整体知识不容易学习，很难在短时间让我们收获学习的喜悦。单个组块的知识比整体知识更容易学习，学会单个组块的知识后，我们就能收获学习的成果，体会到学习的喜悦。

如何拆分组块？

拆分组块的方法不拘一格，只要能达到化整为零的目的，并保证每个组块的学习时间安排恰当即可。

1. 从问题出发拆分

我们可以从问题出发，不断推演，不断找到需要解答的问题。当解答完这些问题后，组块的拆分通常就完成了。

例如，学习开车都要学会什么？先学什么？再学什么？哪些组块是在正式上车前必须学会的？哪些组块是记住之后必须经过练习的？

2. 从话题出发拆分

当要研讨某个话题时，针对这个话题做知识的延伸和拆解，往往也能发现知识的组块。

例如，要学习某历史事件，可以将该历史事件拆分为起因、经过和结果 3 个部分，也可以将其拆分成时间、地点和人物 3 个部分。

注意，这里说的学习某历史事件不是知道"某时某地发生了某事"这种浅显认知，而是对该历史事件全面、深层的认知。

康奈尔学习法
从记笔记开始，成就终身学习

3. 用章节标题拆分

书籍中的章节标题本身就是作者拆分好的组块，我们可以直接利用这些组块展开学习。学习的方法不是翻开书从第一个字看到最后一个字，而是带着问题有计划、有重点、有顺序地学习，可以先学习自己最感兴趣、最需要用来解决问题的组块。

最好每个组块能够在 1~2 小时内学会。原因是人们每天对同一主题的学习时间超过 2 小时后，会产生疲惫感和倦怠感，接下来对该主题的学习效率会明显下降。

2.7 卡片策略：充分利用碎片化时间

为了便于在学习和复习时快速回忆起关键知识，康奈尔大学的学生会根据需要自己动手制作学习卡片（Flash Card）。学习卡片就像是一个打开记忆的开关，学生看到学习卡片上记录的关键信息时，可以快速运转大脑，调动记忆，想起相关知识。

有了学习卡片，学生可以随时随地运用碎片时间复习。对不同的组块进行学习时，可以利用整块时间学习，也可以把组块打散成更小的单位，利用碎片时间学习。

很多人认为，记忆效果与重复的次数有关，当人们想记住某项知识时，重复的次数越多，记忆效果就越好。实际上，根据艾宾浩斯的实验结果，记忆效果不只与重复的次数相关，还与每次重复持续的时间有关。

能利用整块的时间复习当然是最好的，但整块的时间有时比较难找。对课业学习来说，每天上课、做作业已经占据了很多时间，一天下来，除了睡觉，很难有整块的时间。

而且每次复习时现找知识点比较费时间。例如某学生复习时需要先拿出课本找到对应位置，这大概已经花了 3 分钟，复习一遍大约需要 3 分钟，将课本整理好放起来又需要 1 分钟。整个过程中大部分时间其实被浪费了。

怎么办呢？

可以使用学习卡片，将待复习的知识要点写在一张卡片上。学习卡片可以把需要记忆的关键知识集中起来，便于携带，作为复习提纲，让学生随时随地利用碎片时间快速复习。

如何用好学习卡片呢？

（1）按时间制作学习卡片。在学习卡片的左上角标记需要复习的时间。

根据遗忘曲线，设置复习时间为 1 天后、2 天后、4 天后、7 天后和 15 天后。假如今天是 1 月 4 日，复习时间就应该是 1 月 5 日、1 月 6 日、1 月 8 日、1 月 11 日、1 月 19 日。

（2）在卡片正面和反面写上需要记忆的内容。

例如，记英文单词时，正面写英语单词，背面写中文意思、音标和例句；记数学公式时，正面写公式，背面写公式说明；记历史事件时，正面写事件名，背面写发生的时间、地点、意义。

什么时间用学习卡片呢？

学习卡片最适合用在碎片时间的复习中，例如等车时、坐车时、打饭时、吃饭前、睡觉前、醒来后等，都可以将学习卡片拿出来看。

复习完的学习卡片不要随意丢弃，后续还可以继续利用。可以打乱顺序，随机复习；也可以用涂改液遮挡关键部分，把知识卡片变成填空题测试卡片，定期练习。

除了复习，学习卡片还适合用在预习时。我们可以一边预习，一边发现核心知识点，一边制作学习卡片。预习后，在听课的过程中，可以拿出提前做好的学习卡片，仔细听老师对这些关键内容的讲解。课后可以拿出学习卡片，尝试回忆老师的讲解。

正式学习时，你可能会发现自己预习时制作的学习卡片有疏漏，这时候可以补充，而这个过程也可以加深记忆。

2.8　康奈尔阅读指南：读懂了才能学得会

阅读理解能力不仅是终身学习必备的能力之一，也是人们日常生活中的一项必备能力。阅读理解能力强的人，学习能力也会比较强，能够快速读懂、理解或掌握某知识；阅读理解能力弱的人，学习能力通常相对较弱。

很多人觉得，自己读书挺多的，平时学过的知识也都记住了，可真到了考试的时候，却因为马虎而丢分。实际上，这可能并不是马虎造成的丢分，而是因为自身缺乏基本的阅读理解能力。

这种情况的丢分也许是因为平时看书只是走马观花，没有深入地理解和思考，所以没有真正学会；也许是因为考试的时候没有读懂考题，没有理解考题表达的含义，造成理解偏差。总而言之，根源很可能是阅读理解能力出了问题。

如何提升阅读理解能力，如何有效阅读呢？

可以采取有效阅读的3P策略。有效阅读的3P策略，指的是目的、预演和计划，具体方法如下。

1. 目的（Purpose）

要确定阅读的目的是什么，首先要回顾一下教学大纲，然后思考如下问题。

（1）老师为什么要安排我阅读这些内容？

（2）阅读的目的是什么？从宏观上看为什么要阅读？如何将阅读的内容融入课程？

（3）当前阅读的内容有可能会在考试中应用吗？如果是的话，会是什么类型的考题（选择题、判断题、简答题、论述题）？

（4）当前阅读的内容未来会在课堂上讨论吗？参与讨论会有什么收获？

（5）老师会要求根据当前阅读的主题写论文吗？如果是的话，老师会要求我如何使用这些阅读内容？

2. 预演（Preview）

在正式开始阅读前，要在心中预演并牢记阅读的目的，可以采取以下做法。

（1）先阅读每一章和每一节的标题。在这个过程中不要只是泛泛地读，而是要在头脑中思考这些标题分别是什么意思。这时候可以动用自己的知识储备，寻找这些标题与之前学过的知识之间的联系。这有助于正式阅读时让新的信息在头脑中形成长期记忆。

（2）仔细看一看阅读内容中出现的表格、图像和数字，思考并回忆其中哪些内容是自己比较熟悉、曾经见过或学过的，哪些对自己来说是全新的。

（3）读教材的时候，可以先看看这本书的内容结构，包括章节重点、内容概述、思维导图和图表简介等。也可以事先了解一下这本书都提供了哪些外部链接，附带了哪些资源。事先了解有助于自己在

康奈尔学习法
从记笔记开始，成就终身学习

未来有效使用这些资源。

（4）对于教材之外的阅读，可以先看目录。如果有引言、结语或者"关于作者"部分，可以仔细读一读。因为这些内容可能会提供作者的洞察，有助于我们了解这本书在介绍什么，并借此了解老师为什么建议我们阅读这本书。

3. 计划（Plan）

在阅读前应制订一个阅读计划，明确自己想从阅读中获得什么，例如为了准备考试可以采取以下做法。

（1）结合阅读内容的章节标题，在单独的纸张、文档或便笺上建立一个大纲，当我们阅读的时候，可以思考具体的内容是如何与大纲对应的。可以在阅读后，自己给自己出题，看有没有记住主要内容。

（2）对阅读过程中发现的重点内容，可以有选择地使用荧光笔或下划线标出，以备后续复习、引用或摘抄。

（3）发现有课堂上分析或讨论过的内容，可以在页面空白处写下要点。

制订好阅读计划后，就可以正式开始阅读了。

康奈尔大学给出的有效阅读的 3P 策略更适合在校学习期间的阅读，长期应用该策略，能够显著提升阅读理解能力，有助于提高考试成绩。抛开论文或考试等在校学习的需求，有效阅读的 3P 策略也可以应用在日常的阅读中。

除阅读策略外，掌握一些实用的阅读方法对学生们也颇有帮助。

对阅读教材以快速掌握知识、促进记忆、通过考试的诉求来说，高效的阅读方法有 3 种，分别是 SQ3R 阅读法、P2R 阅读法、S-RUN 阅读法。因为这 3 种方法的缩写中都包含字母 R，也可以简称为 3R

阅读方法。

1. SQ3R 阅读法

SQ3R 阅读法是俄亥俄州立大学的心理学家弗朗西斯·P. 罗宾逊（Francis P. Robinson）开发的，这种阅读方法已经被很多学生成功应用并证明有效。SQ3R 阅读法分为 5 个步骤，分别是概况粗读、提出问题、开始阅读、尝试复述和回顾复习。

（1）概况粗读（Survey）。

正式阅读前，先浏览一遍标题，并粗略看一下正文中有哪些要点。如果文章段落前后有总结性的文字或加粗的标题，都要读一下。概况粗读的主要目的是了解将要阅读的内容的主旨，以便在正式阅读前获知主要内容，形成自己的思考。这个步骤的时间应控制在 2 分钟左右。

（2）提出问题（Question）。

阅读时，可以把见到的每一个标题由陈述句变成疑问句，或者问自己一些相关的问题。带着问题阅读不仅会让阅读有明确的目的，而且能够提升阅读理解能力。提出问题能够调用大脑中已知的信息，把已知信息和当前信息做比较，能帮助我们更快地理解。另外，问问题还可以突出阅读的重点，让我们阅读时不至于漏掉关键细节。

（3）开始阅读（Read）。

正式开始阅读时，不应被动地从第一个字看到最后一个字，而是应该不断思考哪些内容解答了前面提出的问题。这时候的阅读，既是主动寻找答案的过程，也是不断根据阅读内容深入思考的过程。

（4）尝试复述（Recite）。

每读完一部分，可以把目光从书本上移开，试着用自己的话来复述书中提到的内容。如果发现自己能够做到，则说明已经理解了书中内容；如果做不到这一点，则说明还没有理解书中的内容。这时候可以重复前面的 3 个步骤。

（5）回顾复习（Review）。

当阅读告一段落后，可以通过阅读笔记来梳理书中所讲的所有要点和这些要点之间的关系，通过回顾每个标题下的要点来检查自己对阅读内容的记忆情况。也可以尝试盖住笔记的内容只露出标题，来检查自己有没有完全记住。

2. P2R 阅读法

P2R 阅读法的实施分为 3 步，分别是提前预习、开始阅读和回顾复习。

（1）提前预习（Preview）。

正式阅读前，提前阅读引言或总括。如果没有引言或总括，可以快速读一下前几段内容。接下来，快速翻阅整本书，阅读一下书中出现的标题，浏览书中出现的表格、图片、图解、加粗的内容等，再读一下最后的一些段落。这样做是为了对阅读的内容有整体的了解，在头脑中形成一定的概念。

（2）开始阅读（Read）。

正式阅读时，每次可以看 10 页左右的内容。在阅读过程中，要注意标记重点内容。当然，一次具体看多少内容可以根据实际情况来定。

（3）回顾复习（Review）。

看完设定要读的内容后，需要尝试回顾自己都记住了什么，可以尝试以下做法。

①用自己的语言来概括作者观点中的要点。

②用几句话来总结自己刚才读过的内容。

③在不看书的情况下复述书中每个标题下的关键内容。

④将每个章节最后留的问题当作小测验。

⑤根据刚才阅读的内容，自己出一些题，并尝试解答这些题。

3. S-RUN 阅读法

S-RUN 阅读法的实施分为 4 步，分别是概况粗读、开始阅读、重点划线和记录笔记。

（1）概况粗读（Survey）。

这一步与 SQ3R 阅读法的概况粗读步骤相同，即粗略地阅读标题、引言、图片、表格、思维导图、段落要点等。

（2）开始阅读（Read）。

了解概况后，开始正式的阅读环节。

（3）重点划线（Underline）。

阅读过程中，对发现的重点内容，用下划线标记。

（4）记录笔记（Notetaking）。

完成前面的步骤后，根据标记出来的重点内容做笔记。

这 3 种阅读方法没有好坏之分，不同的人适合不同的阅读方法。我们可以分别尝试这 3 种阅读方法，看看每种阅读方法自己用起来是否顺手。这时候通常可能会出现以下 3 种情况。

1. 发现某一种阅读方法特别适合自己

出现这种情况说明可以直接在未来的阅读中持续应用这种阅读方法。

2. 发现有 2 种及以上的阅读方法都适合自己

出现这种情况时可以比较这些适合自己的阅读方法，看看哪种是自己认为阅读效率最高、效果最好的，选择它作为自己未来常用的阅读方法。如果实在难以抉择，可以随机选择一种适合自己的阅读方法并长期应用。

3. 发现这3种阅读方法都不太适合自己

出现这种情况可以取这3种阅读方法中相对适合自己的步骤（或该步骤的精髓），用来优化自己当前的阅读方法，从而形成自己独有的阅读方法。

总之，对自己来说阅读效率最高、效果最好的阅读方法就是最适合自己的阅读方法。找到并持续应用适合自己的阅读方法，能有效提高学习效率。

3

学习的计划：
提升学习效率的路线图

第3章

学习要设定好目标和计划。有了明确的目标和计划，我们才知道学习的方向是什么，才能有效评估学习成果。开始学习任务前，我们要制订清晰明确的目标和计划，这样我们才知道接下来该如何行动。

3.1 设定目标：有目标才有效率

做任何事情都需要目标，有了目标可以使我们的行动更主动、方向更明确，学习也是如此。有目标的学习更有针对性、效率更高、更容易取得好的效果。如何设定一个有效目标，我们可以借鉴现代管理学之父——彼得·F. 德鲁克（Peter F. Drucker）提出的 SMART 原则。

SMART 原则分别是具体的、可以衡量的、可以达到的、具备相关性的、有明确截止期限的。

1. 具体的（Specific）

学习目标应是特定的、明确的，不能是笼统的。

例如，张三把目标设定成要好好学习，但好好学习是我们要追求的状态，并不是一个具体的目标。

（1）什么是好好学习？如何衡量学习的好坏？

（2）好好学习具体指的是学什么？学多少？

（3）好好学习的结果是要学到什么程度？

如果不明确以上这些疑问的答案，那这个目标就存在问题。

2. 可以衡量的（Measurable）

学习目标应是以事实为依据的或可以量化的。

例如，张三给自己设定的学习目标是学好数学，这个目标就是不可以衡量的。什么叫学好数学，是数学考试取得多少分？还是数学成绩在班级里的排名达到多少？

可以衡量的目标不一定非要是量化的，也可以以事实为依据。例如能够完整解出某道数学题，能够记住哪些数学公式等，只要是基于某个可以被观测或检验的事实，就代表这个目标是可以衡量的。

另外，我们设定的学习目标有很多是长期目标，需要用几周或几个月来完成。在实现这个目标的过程中，我们很容易懈怠。

为了让自己更有动力，我们要把长期目标拆解为短期目标，把需要几周或几个月完成的学习目标拆解成每天需要做什么，或每天的某个具体时间段需要做什么，让短期目标也可以量化。

例如，"3个月内背完300首唐诗"的目标可以拆解为"每天背诵4首"。这样，我们每天都能看到自己的进步。

3. 可以达到的（Attainable）

学习目标还应是在付出努力后能够实现的，也可以理解为不要过高或过低地设定目标。

例如，满分100分的数学考试，张三每次都不超过60分，这证明张三在数学上的知识掌握情况是比较差的。

然而张三给自己设定的学习目标是一个月后，让数学成绩达到95分以上。这虽然不是一个完全不可能达成的目标，但对于张三来说，难度太大。

张三设定这样的学习目标，即使付出很大努力最终也可能无法达成，这会打击他的自信心。所以设定目标时要循序渐进，应当设定自己经过努力后可以达成的目标。

4. 具备相关性的（Relevant）

目标要对实现最终的愿景或更大的目标有所帮助，而且自己设定的多个目标之间要有一定的关联。

例如，张三的数学成绩很差，原因是张三的数学基础很差，很多概念没有真正掌握。但为了提高数学成绩，张三给自己设定的一个目标是"每周看3本数学的课外读物"。

看数学的课外读物和提升数学成绩之间有很强的相关性吗？能帮助张三打牢数学基础吗？能直接帮助张三提高数学成绩吗？显然，二者的相关性并不强。

5. 有明确截止期限的（Time-bound）

目标应有时间限制，就是对目标的实现要设定一定的期限。

例如，张三想提升数学成绩，给自己设定的学习目标是"做100道数学题"。

这个目标虽然与提升数学成绩有一定关联，但什么时候开始，什么时候完成，并没有说清楚。没有期限的目标等于没有目标。

为目标设置实现的期限后，我们会产生紧迫感，会使学习更专注，效率也更高。

遵循SMART原则，我们就可以设定一个有效的学习目标。只要我们坚定不移地努力实现这个目标，就可以让学习更有效率，取得更好的效果。

3.2 制订计划：明确每天都该学什么

我们发现自己明明想要学习，却不知道该从何处入手。

我们发现自己学习时一直在拖延。

我们发现自己的学习进度落后。

我们发现自己的学习没有规划。

这些都可能是因为我们没有制订有效的学习计划。学习计划能够指导我们的行动，让我们的学习有章法，有进度，有目标，有方向。

实际上，对任何领域来说，一个靠谱的计划对成功都是至关重要的。

在笔者初入职场时，一位领导给笔者讲过一个故事，故事的大意如下。

有4只毛毛虫到森林里找苹果吃。

第一只毛毛虫发现了一棵树，它看看周围，发现很多毛毛虫已经开始爬树。这只毛毛虫不想掉队，于是就稀里糊涂地开始爬眼前这棵树。可当它费了好大力气爬到树顶时，才发现这根本不是苹果树，而且树上什么果子都没有。

第二只毛毛虫找到了一棵苹果树，它想自己一定能找到大苹果。于是它爬呀爬，爬到树干分叉点时，它开始不知所措。大苹果在什么位置呢？应该在最粗壮的树枝上吧。于是它顺着最粗壮的树枝往前爬，却没有发现大苹果。折返后它又在其他粗壮的树枝上寻找，最后只发现了一颗很小的苹果。

第三只毛毛虫也找到了苹果树，但与第二只不同的是，它先用望远镜搜索了一番，找到了这棵树上最大的苹果，于是知道了自己该怎么走。在别的毛毛虫到处乱窜时，它设定好路线，不慌不忙地出发。但当它爬到大苹果所在的位置时，发现苹果已经不在了。为什么？因为它一开始看到的是已经成熟的苹果，在它还没爬到的时候，苹果已经被人类摘走了。

第四只毛毛虫汲取了前3只毛毛虫的经验，用望远镜找的目标不是最大的那颗苹果，而是一朵含苞待放的苹果花。它计算行程后，认为当自己到达那朵苹果花的位置时，这朵花正好能长成一颗成熟的大苹果。它以这种方式出发，最后果然得到了一颗又大又甜的苹果。

这 4 只毛毛虫的状态，很像世界上的 4 种人。

第一种人不知道自己想要什么，毫无目标，一生盲目。

第二种人有目标，没计划，虽然知道自己想要什么，但不知道怎么得到，可能会在一些常识的引导下，做出一些看似正确但离目标越来越远的选择。

第三种人虽然有非常清晰的目标、明确的计划，但没有考虑事物的发展变化，行动追不上目标。

第四种人有目标，有计划，选择合理，相比于前 3 种人，效率会更高，更容易实现目标。

对于期望有效学习的学生来说，同样应当先设定一个学习目标，再针对学习目标设定学习行为的优先级，并据此制订一个有效的学习计划。在制订学习计划时，应做如下考虑。

（1）自己未来想达到什么状态？如何设定学习计划能帮助自己达到那个状态？

（2）自己有多少时间可以用来学习？

（3）如何准备学习每门课程需要的教材？

（4）根据个人情况，学习每门课程需要花费多少时间？

（5）如何给自己创造一个有助于高效学习的环境？

学习计划并不是简单地列出时间表，而是人们为了学习好某个事物而进行的充足的准备和规划。制订学习计划有如下好处。

1. 提高学习效率

学习计划能够帮助我们把学习内容分成组块，并将不同的组块嵌入每天不同的时间之中，能够让我们知道每天在不同的时间点需要做什么。这样做能显著提高学习效率，降低拖延发生的可能性，帮助我们高效地学习和记忆，减少学习给自己带来的压力。

2. 做好时间管理

有效利用时间对学业成功至关重要。学习计划能帮助我们做好时间管理，让时间得到充分利用。因为自己已经提前规划好了学习时间，良好的时间管理还可以防止各类突发状况占用时间。

3. 缓解学习压力

很多时候，学习压力来源于面对庞大的学习任务不知道从何处入手，或者临近考试才发现自己平时没有好好学习。有了学习计划，庞大的学习任务能够得到分解，考试也得以提前准备，有了充足的时间来学习，学习压力也就能得以缓解。

4 取得优异成绩

事实证明，那些学习成绩好的学生，大多是在学习上有目标，有计划的。有明确的学习计划，提早开始行动，有助于取得优异的成绩。

需要注意的是，高效学习需要学习计划，但不代表有了学习计划就一定能高效学习。有目标，有计划，还要坚决执行，才能让学习有效果。

3.3　计划指南：康奈尔大学的 9 条建议

如果你总是感觉时间不够用，可以尝试将事项的时间安排划分成两种类型，一种是固定时间的事项，另一种是灵活安排的事项。

1. 固定时间的事项

固定时间的事项可以在每天固定的时间完成，形成规律，如果没有临时的突发状况，则雷打不动。固定时间的事项可以包括吃饭、上课、实习，以及其他可以让自己保持良好精神状态的活动等。

2. 灵活安排的事项

灵活安排的事项可以在每天相对灵活的时间完成，如可以用碎片时间完成，完成这类事项所需的时间可以根据每天的实际情况适当延长、缩短或删除。灵活安排的事项可以包括学习、娱乐、社交等。

对于制订学习计划的方法，康奈尔大学有以下 9 条建议。

1. 避免概括性描述

学习计划中应尽量避免概括性的描述，例如"学习"就是一个概括性描述。要写清楚学习什么，例如学习数学、学习物理或学习化学。写得越详细越好，例如学习数学课本的哪几页或哪些知识点。

2. 在固定的时间和地点学习

如果学生能形成在固定的时间和地点学习的习惯，每天就能够清晰地知道自己应当在什么时间、什么地点学习什么，就能节省临时做决定的时间。

3. 课程结束后尽快复习

课程结束后尽快复习 30 分钟达到的效果，和课程结束几天后花几小时复习达到的效果相同。

4. 利用白天的碎片时间学习

白天有很多碎片时间是可以用来学习的，例如白天课程之间的等待时间。有的课程之间可能间隔 1~2 小时，这些时间恰好可以用来复习前面学习的课程，如果不提前规划，很容易被浪费。用好这些时间，可以让自己有更多的休闲娱乐时间。

5. 控制每门课程的学习时间

每天连续学习一门课程的时间不要超过 2 小时。因为人在连续学习同类知识 1~2 小时后会感到疲惫，注意力会迅速下降。这时候不仅要休息，而且最好在休息后开始学习另一门课程。这样做能显著提高学习效率。

6. 定期复习回顾

每周可以拿出一段时间，专门作为本周每门课程的复习时间，来增强大脑对新学习知识的记忆。复习内容应当是不断累积的，除了复习本周学的内容，还应对之前学过的内容进行复习。

7. 设定事项的优先级

人们每天会有很多待办事项需要解决，在制订学习计划时，要排出事项的优先级顺序。要认清什么是对自己最重要的事项，什么是相对不重要的事项。最重要的事项应当放在第一位，优先完成，按时完成。

8. 营养均衡，定期锻炼

饮食和锻炼对学习的影响很大。健康的饮食和定期的锻炼可以极大地提高人的注意力和精力水平，改善情绪。制订学习计划时也要注健康饮食和定期锻炼的相关安排，避免因追求学习成果而影响身体。

9. 双倍时间预估

大多数人倾向于低估不擅长的事项可能花费的时间。有个比较好用的时间规划技巧，就是预估完成某件不擅长的事需要某段时间后，将这段时间加倍，通常会是相对准确的所需时间预估。例如，不太擅长数学的张三认为自己今天学习某些数学知识点需要 1 小时，做计划时可以为其分配 2 小时，通常是比较符合实际的。

3.4　个性计划：量身打造学习计划的 5 点关键

因为每个人的情况是不同的，所以对张三有效的学习计划，对李四来说不一定有效。因此，有效的学习计划不应是千篇一律的，而应是各具特色的，每个学生都应为自己量身打造属于自己的个性化学习计划（Personalized Study Plans）。

制订个性化学习计划时，要注意以下 5 个关键点。

1. 定位学习风格

在制订属于自己的个性化学习计划前，首先要了解自己偏向于哪种类型的学习风格。常见的学习风格有 4 种类型，分别是视觉型、听觉型、读写型和动觉型。

（1）视觉型。

视觉型的人倾向于通过视觉来学习和记忆，这类人喜欢通过图片、图形、表格或其他视觉辅助工具来学习。能把知识结构化、表格化、流程化、步骤化的可视化处理手段，有助于这类人的学习。

（2）听觉型。

听觉型的人倾向于通过听觉来学习和记忆，这类人在听广播、听课、听别人清晰的解释或小组讨论的过程中能学得更好。多听课，多听讲座，多参加知识讨论会，有助于这类人学习。

（3）读写型。

读写型的人倾向于通过阅读来学习和记忆，这类人通常直接看教材、看笔记、看辅导材料就能学得更好。把待学习的知识写在纸上或记在电子设备中，以便随时翻阅，也能让这类人学得更好。

（4）动觉型。

动觉型的人倾向于通过亲自动手做来学习和记忆，这类人通过看别人的演示、做实验，自己动手做模型等能学得更好。多参加动手类的活动，多尝试用动作来记忆，能让这类人学得更好。

要确定自己属于哪一种学习风格，可以观察自己平时偏好的知识学习方式，可以观察自己是如何弄懂那些原本难以理解的概念的，也可以观察自己写各类作业的效率。

这4种学习风格并不是相互排斥的，一个人完全有可能拥有多种学习风格。有的人也许和每一种学习风格都沾边，但通常会有自己最偏好的一种学习风格，这种学习风格就是自己的首选学习风格。

在制订个性化学习计划时，要根据自己的首选学习风格来设计学习活动。这样做不仅可以大大缩短学习时间，提高学习效率，而且可以提高学习的兴趣，增强学习的信心。

2. 挖掘学习动机

学习动机决定了学习的积极性和主动性，从而决定了学习效率。每个人的学习动机不同，根据动机的强弱，常见的学习动机有3种。

（1）自燃型。

有的人天生喜欢学习，制订出学习计划后，就会严格按照学习计划推进，不需要别人的监督和检查。

（2）易燃型。

有的人对学习稍有兴趣，但学习意愿有限，可能需要在学习计划中给自己设定明确的截止期限，或者给自己找一个监督人，才能完整落实学习计划。

（3）可燃型。

有的人对学习兴趣不大，必须想办法给学习增加一些乐趣，或者给自己设计更多的休闲时间，同时需要别人来监督自己，才能有效落实学习计划。

在制订个性化学习计划时，要搞清楚自己的学习动机属于哪种类型，根据自身特点找到让自己保持学习积极性的方法，并据此制订学习计划。

3. 思考学习目标

不同的目标对应的学习计划内容是不同的。在制订个性化学习计划时，要思考自己最终的目标是什么，让个性化学习计划有助于实现最终目标。

例如，有的学生希望将来成为某个专业领域的科学家；有的学生则希望将来到企业发展，从事商业经营。这两类学生制订的学习计划就应当是完全不同的。

前一类学生的学习计划可能更偏向于对学科的深入研究；后一类学生的学习计划则可能更偏向于顺利通过考试，完成学业。

4. 考虑评估改进

学习计划不是一成不变的，个性化学习计划应当根据情况不断发展和变化。通过制订和实施个性化学习计划，我们可以定期评估计划的落实情况，从而提高自己的学习效率。这种评估能够让我们清晰地看到自己的进步。

为了让自己不断精进，我们可以在学习效率提高后重新制订学习计划，给自己更高的要求，让自己更上一层楼。

5. 促进交流沟通

个性化学习计划是促进有益的交流沟通的好方法。学生可以在制订个性化学习计划时，与家长或老师充分沟通，表达自己的想法，说出自己面临的问题。家长或老师也可以表达自己对学生的期望。

每个学生的基础不同，学习计划的时间、形式应当有所不同。学生在制订个性化学习计划时，应当考虑自身情况，考虑发展进步以及老师和家长的建议。

3.5　执行：让自己充满行动力的方法

行动了，不一定有收获；但不行动，一定没有收获。

常有人说："只要我稍微用功，我也能变得很牛。"

是的，"牛人"和普通人一样，没有什么特异功能，很多"牛人"也不是什么天才。二者之间最大的区别是：对于很多事情，"牛人"是真的坚持行动，而普通人却没有。开始的时候，"牛人"走在前面，普通人只能跟在后面，久而久之，差距就越来越大了。

《异类：不一样的成功启示录》（*Outliers: The Story of Success*）中说："每个了不起的大师都是经过差不多一万小时的练习才最终成功的。"

千万不要浮躁，不要认为可以侥幸获得成功。那种侥幸的成功即便获得了，也很可能是短暂的；就算不是短暂的，也是不值得的。

有目标和计划固然重要，但围绕目标和计划展开行动更重要。很多人有不少很好的创意，但因为缺乏行动力，他们美妙的设想最终只是空想。只想不做的人只是在生产思想垃圾。成功是一把梯子，双手一直插在口袋里的人是爬不上去的。

互联网上有这样一则故事。

有个外国人一直想到中国旅游，于是制订了一个旅行计划。他花了几个月阅读搜集来的资料——关于中国的艺术、历史、哲学、文化。他研究了中国地图，订了飞机票，并制订了一个详细的日程表。他标出要去观光的每一个地点，每个小时去哪里都定好了。

有个朋友知道他非常期待这次旅游。在他预定回国的日子之后几天，这个朋友到他家做客，问他："旅行怎么样？"

这人答道："我猜想会是不错的，可我没去。"

他的朋友大惑不解："什么？你花了那么多时间做准备，却没有去，出什么事啦？"

他回答道："我喜欢制订旅行计划，但我不愿去飞机场，所以待在家没去。"

不管我们的梦想多么美妙，计划多么周详，如果我们不采取任何行动，梦想只能是空想。

"千里之行，始于足下"，行动是实现目标的唯一途径。如果我们只规划、不行动，即使成功的果实就在眼前，我们也摘不到。

英国前首相本杰明·迪斯累里（Benjamin Disraeli）曾说："虽然行动不一定能带来令人满意的结果，但不采取行动绝无满意的结果。"

当然，行动也不应当是盲目的，不然很可能会陷入"低水平勤奋"。围绕学习目标的学习行动，也应有一定的策略。

1. 带着问题学习

学校教育要求我们系统地学好每一门课程，但这不代表在学习过程中我们要被动地等待书本知识的灌输。我们的大脑倾向于解决问题，人们会因为问题而思考，所以我们一定要带着问题学习。

2. 遵循 721 法则

行动学习理论认为，人要掌握一门技能，需要用 10% 的时间学习知识和信息，70% 的时间练习和践行，20% 的时间与人沟通和讨论。这个理论被称为 721 法则。

每天上课听讲对 10% 的信息接收非常有用，而练习的 70% 和讨论的 20%，则往往需要在课后完成。

上学的时候，笔者经常听到有人说，看到某"学霸"平时也不怎么学习，为什么一到考试他就能考得很好呢？

其实我们看到"学霸"的时候，大都是在校的时候，这时候大家一起学习知识。至于我们没有看到"学霸"的时候，"学霸"是如何进行练习的，和谁做题目讨论的，我们并不知情。

有可能"学霸"在我们看到他的时间里的行动，对学习效果的影响只有10%；而"学霸"在我们没有看到他的时间里的行动，对学习效果的影响达到了90%。

3. 减少无效信息

我们没有必要时刻关注互联网上的各种信息，因为我们很容易被诱导去看一些看似有趣、实则无用的信息，进而让我们深陷于冗杂的信息海洋中。

4. 扩充有效的学习资源

大部分人要找资源，第一反应是上网搜索，虽然这看起来很快速，但很容易让人陷入困境。因为网络是个无底洞，信息特别多，这里搜搜那里看看，一不小心可能几天都搞不出结果。第二反应是买书，这也有问题，因为一般人要把一本书里的内容消化完至少需要一周的时间，前提还得是选对了书。

在这个信息爆炸的时代，信息早已经多到让人无法承受，所以扩充有效的学习资源最重要的事绝不是增加信息，而是筛选信息。

扩充有效的学习资源比较好的步骤如下。

第一步，从有经验的人入手，根据问题，找到懂这个知识的人，例如老师和"学霸"。

第二步，找到对标人物，看看身边学习好的同学都是怎么学习的。

第三步，结合前两步的收获，系统地梳理学习资源并开始学习。

3.6　优先事项：用艾森豪威尔法则识别真正有价值的事

很多人说："不是我想拖延，我也知道这件事很重要，可我很忙，越忙越没时间做这件重要的事情了。"

例如，笔者有个高中同学，成绩中游偏下，但学习态度很认真，每天都特别认真地整理笔记、抄写错题、装订试卷，她把一切都做得井井有条。

笔者有时候看她花很长时间整理试卷，用不同颜色的笔给试卷进行标注，就提醒她那些都是形式，关键是要去学习和理解。

她总是回复笔者说："那些等我整理完再说。"

结果是，她的成绩一直没有提高，还时常感叹自己的时间不够用。

其实大家的时间都是一样的，只不过是她不懂得管理时间，让一些容易完成的小事把自己的时间都填满了。

她的这种行为状态实际上是在追求即时的满足感。做整理、抄错题、标颜色，这些简单的小事能快速给人带来成就感，让人觉得"我好像做了某件事"。但和真正的学习比起来，这些事显然都不重要。

学习比较难，但做些简单的事却比较容易，所以人们会倾向于做简单的事。这类学生看似是被很多不重要的事占据了大量的时间，但这本质上也是一种拖延，是对重要事项的拖延，俗话称为"捡了芝麻，丢了西瓜"。

要解决这个问题，可以运用艾森豪威尔法则。

艾森豪威尔法则是美国第34任总统德怀特·戴维·艾森豪威尔（Dwight David Eisenhower）提出的。

根据艾森豪威尔法则，各事项可以按重要程度和紧急程度分成4类，分别是既重要又紧急的事、重要不紧急的事、紧急不重要的事和不重要不紧急的事，如图3-1所示。

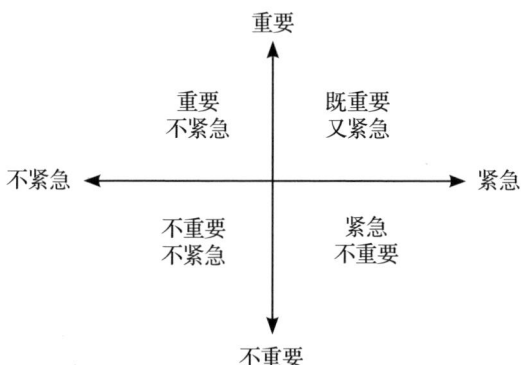

图3-1　艾森豪威尔法则示意图

艾森豪威尔法则中的重要与不重要，代表着这件事对自己的价值高低；紧急与不紧急，代表着这件事是否需要尽早完成。

1. 既重要又紧急

这类事项的优先级是第一位的，应第一时间做。例如，一个月后要交的毕业论文，现在还没有头绪；两周后要进行的考试，现在还有很多知识没学会；一天后要交的重要作业，现在还没开始动笔写。

2. 重要不紧急

这类事项虽然不需要马上完成，但因为其对自身价值较高，所以优先级是第二位的，可以在做完既重要又紧急的事后再开始做。例如，为学期末某学科结业考试做准备，为一年后的数学竞赛做准备，为毕业后的工作规划和证书考试做准备。

3. 紧急不重要

这类事项的优先级是第三位的，应当在做完既重要又紧急的事和重要不紧急的事后开始做。这类事项最容易占用时间，是"时间杀手"，而且会"杀时间于无形"。因为这类事项披着"必须马上完成"的外衣，但对自身价值极低，所以很容易使人不假思索地去做。

例如，明天同学过生日，邀请我去他家里做客，我要不要去？去的话，应该穿什么衣服去？应该说什么话祝贺他呢？我应该给他准备什么礼物？我现在是不是应该去超市买？要不要多去几家超市挑一挑呢？我要不要亲手给他做一件礼物显示我的用心呢？

4. 不重要不紧急

这类事项的优先级是第四位的。前面 3 类事项全部做完后，如果还有时间，可以做；如果没有时间，则可以忽略不做。例如，给学习笔记做书皮，给文具盒买漂亮的贴纸，给书包配合适的挂坠，为了买一杯奶茶排一下午队等。

每个人的时间是有限的，一个人如果总是做那些紧急不重要的事或不重要不紧急的事，时间就很容易被填满。让自己"看起来很忙"一点儿都不难，但要忙得有价值、有意义并不容易。

其实很多学生心里知道学习是最重要的，但有时候总是被"小明给我发信息了，我怎么回复他呢""猫砂是不是该换了""明天该穿哪双鞋呢"这类小事占用了大量时间。

当然，在学习这件事上，不同的事也有不同的重要性。例如弄懂一道题的解题原理和相关知识点，远比把这道题抄进错题本重要。

学习的时间总是有限的，在这有限的时间里，我们要多做那些重要的事，少做甚至避免做那些不重要的事。

3.7　管理时间：5 个秘诀告别总觉得时间不够

时间对每个人都是公平的。"学霸"和普通人每天都拥有 24 小时，可为什么他们学习的结果却不同？差距主要源于二者对时间的利用效率。"学霸"更懂得珍惜时间，更懂得高效利用时间。

很多学生说："我平时很忙，各个学科都要学习，哪有那么多时间？"或者说："我每天回家坐地铁要一小时，到家都很晚了，哪有时间学习？"

"没有时间"，其实是不懂如何高效利用时间。

吉田穗波是 5 个孩子的妈妈，她于 2004 年从名古屋大学博士毕业后，即在东京银座的妇幼综合诊所任妇产科医师，工作十分忙碌。

大女儿一岁时因肺炎引发气喘，让吉田穗波在疲于应付的同时，也萌生了"若想改变现状，只能积极提升自己"的想法。

后来，她决定到哈佛大学念书。那个时候，她的大女儿两岁，二女儿只有两个月大。她上班是朝九晚五，每天上下班要花 3 小时在路上，通常下了班、接了小孩，回到家已经晚上 7 点。

2008 年，她怀揣着再深造的梦想，用半年的时间完成了从申请入学、准备考试到录取的全过程，其间还怀上了第三胎。

同年，她带着 3 个年幼的女儿，与丈夫一起前往波士顿，用两年时间便取得了学位，其间还生下了第四个孩子。

在写总结这段经历的自传时，她的第五个孩子也诞生了。这些任何一项对一般人来说都是很艰难的任务，吉田穗波却同时漂亮地完成了。

吉田穗波能实现梦想，除了家人的支持，还要靠她有效的时间管理方法。她在自己的书《就因为没时间，才什么都能办到》中，分享了自己的时间管理经验。

（1）越没时间越想做事，把自己的焦躁转化为进步的决心。

（2）别只想 or，要学着想 and，人生太短，不够一件件事按顺序做。

（3）放弃完美主义，多件事齐头并进，要有乱成一团的心理准备。

（4）先用整段时间优先处理大问题，再用零碎时间处理小问题。

（5）早睡早起，留出不被别人打扰的时间。

（6）学会借助他人的力量，外包思维，用钱来买时间。

（7）别被常识偷走时间，自己生活的规矩是自己定的。

（8）利用碎片时间，让生活更高效。

（9）别让焦虑浇灭自己的斗志，控制情绪就是节约时间。

《生命尽头，谁将为你哭泣：以终为始的人生智慧》（*Who Will Cry When You Die? Life Lessons from the Monk Who Sold His Ferrari*）的作者罗宾·S. 夏尔马（Robin S. Sharma）说："不是因为某件事很难，你才不想做，而是因为你不想做，这件事才变得很难。"这句话正是吉田穗波的座右铭。

任何说自己没时间学习的学生，在吉田穗波的经历面前，都应好好反思。别再拿没时间当自己不行动的借口，要学会好好利用时间。

很多学生认为，"学霸"应该是把全部时间都用在学习上，根本没有自己的生活的人。然而笔者自己的经验表明并不是这样，笔者在清华大学的同学们也都有丰富多彩的生活。

学习好，需要时间的积累，但这并不代表要把自己所有的时间都投入进去。只要管理好自己的时间，"学霸"每天仍然可以有不少休闲娱乐时间，做很多有趣的事。

管理时间有个秘诀："强迫"自己关注那些重要的事情，抑制住做那些紧急不重要的事的冲动。

要管理好自己的时间，应做到以下 5 点。

1. 优先级计划

假如今天要去见朋友，我们通常会安排一个确定的时间跟朋友见面。然而，如果我们给自己安排什么学习任务时，我们就不习惯把时间卡得太死。我们仿佛下意识地想要避开这些事情似的。

其实，也不是没有解决方案，我们可以把学习看作自己目前优先级最高的事情，把学习任务想象成我们当前预定的航班。然后，对所有阻碍自己赶上航班的事情说"不"。

2. 先做最重要的事

对我们来说，当下最重要的学习任务是什么？我们正在完成这项任务吗？如果没有，为什么不做呢？是不是因为"我想先做手里这些事，等这些事做完以后，再做对我来说最重要的事"？

可是，当"手里这些事"做完之后，还有多少时间做对自己"最重要"的事情呢？大脑是很活跃的，我们可能同一时间想做上百件事，但不可能全部做完。怎么办呢？要学会先做更重要的事，优先在重要的事上投入时间。

3. 学会拒绝

我们都会被"常识"和"惯性"偷走时间。例如，有人找我们帮忙的时候，如果这件事并不难，我们通常会说"好的"，这样会显得我们善解人意、乐于助人；当别人邀请我们出去玩的时候，我们通常会惯性地接受，因为这样能显得自己合群。但是我们却忘了自己其实还有更重要的事情。为什么不找个借口或理由，对他们说"不"呢？

4. 关掉通知

现代科技已经进化到可以利用我们对紧急事情的偏好来增强用户黏性。例如微信、微博等软件的弹窗通知，都在争先恐后地抢走我们的注意力。

幸运的是，有一个简单的解决方法：关掉所有的通知，等我们有时间的时候，再去处理那些事情。例如利用饭后休息的时间把那些事情集中解决，这样可以节省时间、提高效率。

5. 忽略信息

常识告诉我们忽视别人是很粗鲁的，是不正确的行为，但这在时间管理上却是相当必要的。

总会有些人是我们没空理会的，我们必须允许自己忘记一些人和事。我们可以不回复某人的问题，可以忽略一些弹出的新闻，可以不理会一些"@所有人"之后出现的弹窗。

这个世界不会因为我们忽略一些事情而崩溃。学会忽略一些信息反而能让我们完成那件对自己来说真正重要的事——学习。

康奈尔学习法
从记笔记开始，成就终身学习

4

学习的过程：
康奈尔笔记法的原理和运用

在康奈尔大学的所有学习方法中，最广为人知的便是康奈尔笔记法，它是目前公认通过记笔记高效学习的极佳方法。康奈尔笔记法是由康奈尔大学教授沃尔特·鲍克（Walter Pauk）提出的。

本章将重点介绍什么是康奈尔笔记法，为什么要应用康奈尔笔记法，通过康奈尔笔记法能够获得什么，如何应用康奈尔笔记法等问题。除此之外，本章还会介绍与康奈尔笔记法形成互补关系的其他有助于读书、听课、学习等的记笔记方法。

4.1 检查：你的笔记记得对吗

对于笔记，每个人的理解都是不同的。

有人觉得学习过程中没有必要记笔记，有人觉得笔记可有可无。康奈尔大学则认为，笔记是学习过程中的必备工具。

俄国著名作家果戈理，上学时记了 147 本笔记，内容包罗万象，有名人思想言论，有历史知识，有别人写的文章，也记载了很多风土人情。

著名数学家王梓坤曾说："读书应做有心人，要善于平时逐渐搜集对日后有用的资料，把它们写成日记。"他平时随身携带笔记本，有了新的思考或发现，就记录在笔记本中，一有空闲就翻阅笔记本。

学习的过程中为什么要记笔记呢？

因为记笔记本身就是一种高效的学习方法，它不仅可以为学习知识提供帮助，还可以帮助我们保持思维活跃。

著名作家钱锺书先生一生做过大量的笔记，钱锺书的夫人、作家杨绛这样说。

许多人说，钱锺书记忆力特强，过目不忘，他本人却并不以为自己有那么神。他只是好读书，肯下功夫，不仅读，还做笔记；不仅读一遍、两遍，还会读三遍、四遍，笔记上不断地添补。所以他读的书虽然很多，但不易遗忘。

他做笔记的习惯是在牛津大学图书馆（Bodleian——他译为饱蠹

楼）读书时养成的。因为饱蠹楼的图书不外借，到那里去读书，只准携带笔记本和铅笔，书上不准留下任何痕迹，所以锺书只能边读边记。

锺书读书做笔记成了习惯。他爱买书，新书的来源也很多，不过多数的书是从各图书馆借的。他读完并做完笔记，就把借来的书还掉，而自己的书往往随手送人了。锺书深谙"书非借不能读也"的道理，有书就赶紧读，读完总做笔记。

不论是何种形式的学习，把学到的知识写下来，比仅仅看或听，更容易形成长期记忆。如今电子设备已非常发达，笔记可以轻松形成电子文档，存储在电子设备中。但有研究表明，用手写笔记比在电子设备上打字的学习效果更佳。

中国历史学家、社会活动家、现代明史研究的开拓者和奠基者之一的吴晗曾说："读书是学习，摘抄是整理，写作是创造。要想做学问，就要多读、多抄、多写。除此之外，没有什么秘诀。"

当然，记笔记的方法可以有很多种，关于具体该如何记笔记，态度也应该是开放的。康奈尔大学认为没有所谓"对的"或"错的"记笔记方法，只有适合自己或不适合自己的记笔记方法。适合的，才是最好的。

康奈尔大学建议学生在记笔记时，要随时注意以下3个方面。

（1）评估自己记笔记的方式是否有效。

（2）除了康纳尔笔记法的建议外，探索其他记笔记的策略。

（3）评估哪种记笔记方法更适合自己，或在不同情况下，哪种记笔记方法更适合自己。

要检验自己是否正确记笔记，可以问自己如下问题。

1. 我在记下笔记后，通常会做什么？

回答这个问题时要注意，不是自己"想做什么"，而是真正做了什么。

很多人对这个问题的回答是把笔记丢在一边什么都不做。除此之外，比较不好的回答还可能有如下情况。

（1）把笔记本弄丢了。

（2）本来想看却忘了看。

比较好的回答可能有如下情况。

（1）把笔记打印了出来。

（2）把笔记重新改写了一遍。

（3）定期阅读或学习笔记内容。

（4）定期回顾或复习笔记内容。

（5）定期归档或整理笔记内容。

2. 我在记下笔记后，有哪些有价值的事情是自己应该做但还没有做的？

从这个问题的回答中就能看出很多人其实知道该如何用好笔记，却没有用好，常见可能的回答有如下情况。

（1）学习 / 复习。

（2）填补笔记的空白。

（3）重新整理或重写一遍。

（4）详细补充。

（5）做总结、概括、精练。

实际上，在课上记完笔记后，课后只需要用 5~15 分钟做笔记的整理工作。根据每个人记笔记的习惯，整理笔记的方式可以是内容的补充、删减、分类，画重点，调结构等。

这个过程有助于回顾和复习课程学习的内容。如果上课之后不做笔记整理，只是得过且过，很可能课上学到的 90% 的知识最终会忘记。课后整理笔记的过程，正是用较短的时间对知识进行巩固和加深印象的过程。这种复习效率非常高。

4.2　规划：做好笔记需想清楚的 3 个关键问题

记笔记的第一步不是拿出本子来直接动笔写，而是从顶层规划的角度做好筹划。在正式开始记笔记前，你需要想清楚 3 个关键问题。

1. 记笔记的目的（Why）

就像每个人都有自己独一无二的人生规划一样，笔记对每个人的作用也是不一样的。在开始记笔记之前，要明确自己以后要用笔记来做什么，这也是提前明确自己希望从笔记中得到什么。

根据记笔记的目的，笔记的作用可能包含如下几种。

（1）为了通过考试而记笔记。

这时候笔记中的内容应当主要与考试的重点相关，与考试无关的内容不需要记录在笔记中。

（2）为了写论文时提供思路。

这时候笔记中的内容就不能只与考试的重点相关，不能只记录上课时老师讲过的内容，还应当包括论文相关的拓展，包括更多相关材料中的内容，以及尽可能包括更多的思考和延伸。

（3）为了自己的事业或职业发展。

这时候除了与考试和论文相关的知识之外，笔记中可能会有很多内容与学业的关系不大，而是围绕职业和事业发展所需要记录的要点。很多养成终身学习习惯的人，会把记笔记作为自己生活和学习中必不可少的一部分。

总之，笔记是为自己服务的，是给自己用的，而不是给别人看的。每个人不同的诉求决定了笔记的功能不同。在记笔记前，只有想清楚自己为什么记笔记，这份笔记才能真正发挥作用。

2. 笔记中要写什么（What）

记笔记时，在笔记内容方面有以下两类常见问题。

（1）记录过多。

有人觉得记笔记就是要把自己看到和听到的每一句话都记下来，甚至有人在上课时录音或录像，课后再回听或回看，把老师讲过的所有内容一字不落地记下来。这实际上是典型的错误方法。如果记笔记的时候纠结每一个细节，很可能失去大局观，错过重点内容。

（2）记录过少。

笔记内容记得太少也是有问题的。有人上课的时候习惯把大部分时间用来听老师讲课，不动笔记录，结果下课要看笔记复习时，发现笔记本上空空如也，没有东西可看；还有人看书的时候沉浸于对内容的理解，忘了把重点内容记录下来。

总之，笔记记录得过多或过少都是有问题的，都会影响用笔记复习的效率。恰当地、有侧重地记笔记，才能让笔记发挥应有的价值。

3. 有哪些好的、通用的记笔记方法可以借鉴（How）

什么是好笔记？

一份整理得非常精美、好看的笔记不一定是好笔记。

一份写得密密麻麻、非常全面的笔记也不一定是好笔记。

虽然不同的记笔记方法适用性不同，但好的笔记有一些共同的特点，具体如下。

（1）有用。

笔记是拿来"用"的，不是写完后摆在那里当好看的摆设，更不是供别人欣赏的"艺术品"。记笔记应有助于我们学习，而不是白白浪费我们的学习时间。

既然笔记要有用，那记笔记的关键应当是在课后利用笔记来做什么。这里需要注意，这里的课后不是指课程结束好几天后，而是课程刚结束后或者当天晚些时候。不论是课堂上笔记内容记录得较多还是较少，都需要在课后拿出些时间来对笔记进行一定的整理和回顾。

（2）符号系统。

想提升记笔记的效率，最好能掌握一些符号或缩写，以此简化信息的记录。这样不仅可以提高信息的记录和提取效率，还能让笔记内容干净整洁，减少信息干扰。

例如用三角形代表难度较大的知识点，用圆形代表考试常考的知识点，用正方形代表还需要进一步扩展和延伸的知识点等。

（3）抓住重点。

好的笔记并不是什么都记录，记录得越多越好，而是应记录重点内容、主要观点或重要细节。当然，这也要求我们在动笔之前，知道什么是重点。至于什么是重点，可以参考"思考记笔记的目的（Why）"。

（4）结构化呈现。

好的笔记通常会将知识进行结构化呈现，例如可能会通过思维导图、概念图、大纲要点等图形化或表格化的形式呈现知识。记笔记的过程也是我们统筹知识体系、做全面思考的过程，这种自上而下的思考更适合输出结构化的知识。

4.3　康奈尔笔记法第一步：给笔记分区，就是给知识分区

康奈尔笔记法充分考虑了课上、课下和课外不同阶段的需要。传统笔记更多是记录老师讲解的内容，属于被动学习。在复习时，我们经常需要重新总结，并记录感悟。这时，我们往往受限于笔记本的空间，需要重新誊写笔记，这样很费时费力。

康奈尔笔记法能够比较好地解决这些问题。其将笔记本分成 3 个区域，分别记录笔记内容、线索和总结，笔记形态如图 4-1 所示。

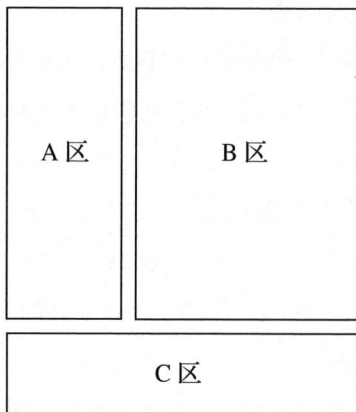

图 4-1　康奈尔笔记的形态

A 区（Cue）记录的内容为线索，也就是提示笔记内容的纲要，也可以用来对自己提问，约占页面 15% 的空间。

B 区（Notes）记录的内容为笔记，也就是记录者认为重要的、有必要记录的主要内容，是对重点知识的记录，约占页面 70% 的空间。

C 区（Summary）记录的内容为总结，也就是对以上所有内容进

行的总括、思考或延伸，这些内容可以帮助我们发现知识蓝图中的细节，约占页面 15% 的空间。

在记笔记之前，首先把笔记分成如图 4-1 所示的 3 个区。这样划分区域根据的是人脑的工作原理，人脑天然会对记忆和认知中的事物做不同的分类。

1. 先用 B 区

使用康奈尔笔记法时，要先用 B 区。B 区记录的笔记内容就是重点或难点知识。在课业学习中，这个区域可以用来记录老师在课堂中讲过的重点内容，以及自己在书籍或线上课程中发现的重点内容。

在 B 区做记录时，要注意以下 3 点。

（1）列明要点。

B 区的笔记内容应当分门别类，有一定的条理性和逻辑性。相同或相似的内容应当记录在一起，相关性不强的内容可以在不同页记录。

（2）言简意赅。

与所有记笔记的方法相同，记笔记并不是把所有看到或听到的内容原封不动地记录下来。记笔记应当言简意赅，尽可能多地使用符号或缩写，以减少笔记的篇幅。

（3）留有空间。

笔记中的每个要点应当形成段落，要点之间应当留有一定的空间，一来是为了区分，二来是为将来补充笔记内容留出余地。

2. 再用 A 区

记录完 B 区后，再在 A 区对 B 区内容进行整理归纳，用关键词或标签的方式与 B 区不同段落的内容一一对应。A 区也可以用来向自己提出问题或做更高维度的思考，而不仅仅只是关注知识本身。

A区的内容有以下3个作用。

（1）复习。

用手或纸张盖住B区的内容，通过只看A区的关键词或标签，回忆B区的主要内容。当看着A区内容能够完整无误地回忆并讲出B区记录的主要内容时，说明你已经掌握了知识。

（2）检索。

A区因为记录着关键词或标签，所以可以用来快速检索知识。这样一来，想找某个知识点不必看完B区记录的所有内容就能找到。

（3）梳理。

A区的关键词或标签有助于梳理知识结构，可以直接把这些关键词或标签放在思维导图中，作为对知识体系的归纳。

需要记录在B区的内容较多时，也可以把笔记本摊开，将右边的一整页作为B区，左边的一整页作为A区，如图4-2所示。

图4-2 需要记录在B区的内容较多时的处理方式

当有PPT讲义时，可以用手画线临时分出A区和B区，如图4-3

康奈尔学习法
从记笔记开始，成就终身学习

所示。

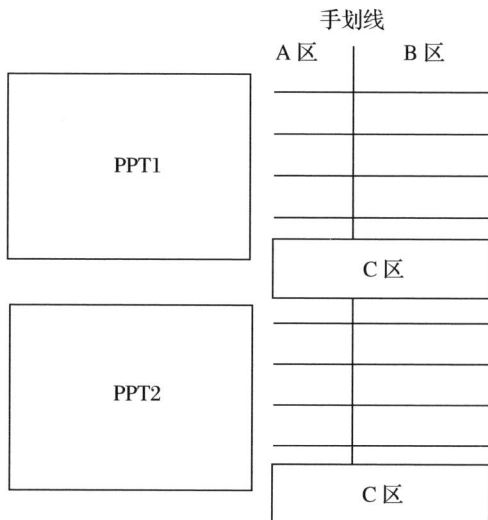

图 4-3　PPT 讲义分 AB 区示意图

3. 最后用 C 区

在对 B 区和 A 区进行记录和应用后，如果出现一些疑问，想要进行一些总结，或者发现自己有没搞懂的知识点，则可以记录在 C 区。这个区域也可以用来问自己："从当前这页笔记中，在今天的课程中，我学到／收获了什么？"

上完课后，马上在 C 区做总结，往往能帮助自己快速回忆和巩固知识。下节课开始前，快速浏览一下 C 区，也能让自己迅速记起之前学过的知识。

C 区的作用主要有以下 3 点。

（1）复习重点。

C 区可以记录整页笔记中最重点的内容，并对这些重点内容做进一步的补充或延伸。复习时，可以跳过 B 区中已经掌握的知识，重点看 C 区的知识。

（2）突破难点。

C 区可以记录当前没有较好掌握的难点知识。这些难点知识可能比较难记忆，可能经常出错，需要多次复习。

（3）总结思考。

对于同一个知识，人们在不同时期的思考深度和认知维度是不同的，C 区可以用来进行知识的拓展，记录更多的总结思考。

4.4 康奈尔笔记法第二步：5 个步骤，打造你的学习循环

明白了康奈尔笔记法的基本原理，划分好笔记本的空间后，我们就可以根据自己的习惯来记笔记了。对于第一次接触康奈尔笔记法的人，可以按照以下 5 个步骤实施康奈尔笔记法。

1. 记录内容（Record）

上课或读书时，发现重点内容后，记录在 B 区的主栏中。记录时要保证各类重要内容的完整性，以免对后续步骤造成影响。

2. 简化内容（Reduce）

下课后，迅速对 B 区笔记进行整理，快速复习重点内容。整理过程中，提炼核心知识点，将关键词、标签写到 A 区的提示栏。这个过程可以对重点知识进行快速巩固。如果发现有不明白的地方，可以及时向老师和同学请教。

3. 背诵内容（Recite）

当晚睡觉前，对照笔记再进行一次复述。复述时，用手盖住 B 区，看着 A 区，回顾重点内容。

这个过程能让大脑重新梳理一遍当天所学的知识。这样，大脑可以利用睡觉时间对知识进行进一步加工，尽快将知识转化为长期记忆。

4. 思考内容（Refect）

在简化内容和背诵内容的过程中，我们经常会有自己的思考和感想。对于这些内容，我们需要及时将其记录在 C 区的思考栏。

如果发现新的困难和问题，也可以记录在这里。这样可以避免因忘记而造成问题的遗漏。

5. 复习内容（Review）

对于所有笔记内容，我们都需要定期复习。例如，我们可以在第二天、周末、月末进行多次复习。

复习时，我们首先用手盖住 B 区，通过 A 区的关键词和标签回忆每个知识点；然后再查看 B 区，检查是否有偏差和遗漏；最后查看 C 区中的问题，确认问题是否已解决，并做进一步的修正或补充。

通过以上 5 个步骤，我们就完成了康奈尔笔记法的完整流程。由于每个阶段的英文单词的首字母都为 R，所以它也被称为 5R 笔记法。

康奈尔笔记法的 5 个步骤将学习和复习过程通盘考虑，所以效率更高，尤其适合那些时间紧、难度高的课程。

4.5　康奈尔笔记法第三步：把你的笔记变成独一无二的学习助手

前文提到过，好的记笔记方法并不是千篇一律的。每个人都应当根据自身的情况，结合康奈尔笔记法的原理，找到适合自己的记笔记方法。

为此，我们可以在理解康奈尔笔记法的逻辑后，审视自己平时记笔记的习惯和方法，然后查找以下两个方面的问题。

（1）不同之处：自己的记笔记方法和康奈尔笔记法有哪些不同之处？

（2）相似之处：自己的记笔记方法和康奈尔笔记法有哪些相似之处？

这两方面的问题不能泛泛地回答，要认真体会、仔细思考，把所有能想到的要点全部列举出来，只有这样才有可能形成适合自己的记笔记方法。

理解并不等于真正掌握，在找到适合自己的记笔记方法之前，如果只是在认知层面知道康奈尔笔记法是怎么回事，并没有真正实践过，那还称不上是真的理解。只有用过一段时间之后，才能切实体会这种方法适不适合自己。

想要灵活地用好康奈尔笔记法的学生至少要在一周时间内持续地实际应用它，然后再根据自己的使用体会，评价康奈尔笔记法在哪些维度上更适合自己。评价时，可以问自己如下 3 个问题。

（1）康奈尔笔记法是否能在上课期间帮助自己归纳思路并建立知识体系？

（2）康奈尔笔记法是否能帮助自己做课后回顾和复习课程内容？

（3）在应用康奈尔笔记法做线下课程、线上课程和读书笔记的过程中，自己分别有什么体会？获得了哪些经验？

回答完这 3 个问题后，再综合自己使用康奈尔笔记法的体会，思考这种方法如何才能与自己的需要相匹配，自己该如何变通地应用康奈尔笔记法，在康奈尔笔记法的基础上做哪些改变会让这种方法更适合自己。

康奈尔大学建议，学习者在实际应用过康奈尔笔记法之后，还可以问自己一系列有针对性的问题，这有助于学习者找到更适合自己的记笔记方法，具体问题如表 4-1 所示。

表 4-1　找到适合自己的记笔记方法的问题

状况	问题		
	1. 当出现这些状况时，你会怎么做	2. 你做的这些事是如何缓解这种状况的	3. 你觉得自己还可以做些什么
你发现课程很无聊			
你不知道老师到底在讲什么			
你对你正在学习的知识和你已经学过的知识之间的联系有疑问			
你想在上课的过程中充分理解知识			
你发现自己在课堂上很容易分心			
你不确定课堂上什么是真正重要的知识			

使用表 4-1 时，要审视自身情况，再从左至右依次填满每个空格。

在经历过以上环节后，我们就可以思考什么样的记笔记方法是更适合自己的。

（1）哪些记笔记方法是自己之前没有接触过的？

（2）哪些记笔记方法对自己来说可能是没用的？为什么？

（3）哪些记笔记方法对自己来说可能是有用的？为什么？

群体的智慧是无限的，我们除了从自身角度持续优化记笔记方法外，还可以和同学们讨论，分享自己记笔记的心得，了解其他人是如何记笔记的，吸收同学们的记笔记方法中适合自己的部分。

和同学们讨论，不仅有助于优化自己的记笔记方法，而且有助于交流知识，能够让自己更好地学习。和同学们讨论时，可以思考如下问题。

（1）他们编排笔记的结构和方法与自己有哪些相似或不同之处？

（2）他们上完这节课之后的收获都有哪些？和自己是相同的吗？有哪些不同？

（3）他们认为刚才那堂课的重点知识都有哪些？和自己是相同的吗？有哪些不同？

多和同学们就以上问题展开讨论，尤其是讨论彼此的不同之处，搞清楚为什么存在这些不同，借鉴对方做得好的环节，这么做将对彼此都有帮助。

4.6　课堂笔记：听课内容五记法

课堂笔记是课堂学习过程中的重要输出工具。课堂笔记不仅是我们用来记录重点知识的工具，也是我们梳理知识脉络、归纳思路的工具。记课堂笔记看似简单，但如果没有掌握正确的方法，很容易变成无用功。

记笔记不是目的，把笔记记得全、记得好，也不是目的。记笔记的目的，是让自己更好地学习，更有效地提高成绩。

高中时，笔者班里有个女生绰号是"速记员"，她写字又快又工整，老师上课讲到的内容都可以在她的笔记本上找到。因此，笔者经常找她借笔记学习。

奇怪的是，她的成绩总在中游徘徊。笔者向她借笔记时，常听她抱怨，说自己上课一点儿都不敢松懈，用心记着笔记，结果课下看着自己的笔记却非常茫然。

这实际上是没有掌握记笔记的要领。记笔记，不是要记录老师讲的全部内容，就算把老师讲的话全记录下来了，也没有达到记笔记的目的。

那么，课堂笔记应该记什么内容呢？

听课时，可以采取五记法来记录课堂笔记。

1. 记提纲

提纲是老师讲课的脉络，也是这节课的内容大纲。这个部分可能只是几个词，也可能是几句话。提纲可以将看似零散的内容串联起来。

大脑记忆这类体系化的知识效率更高、更持久。同时，串联起来的知识点更方便大脑处理，能使我们理解更深刻。

2. 记思路

思路可以是定理的推导顺序，也可以是题目的求解方法。这部分内容往往是课本体现得不够明确的，将其记录下来，便于课后复习和理解。

在完成作业时，可以结合题目重新巩固解题思路，掌握解题方法，形成最有价值的方法记忆。这也正是考试考查的要点。

3. 记重点

课上的内容可能很多，但真正需要掌握的是其中一部分，如考试的考点。老师往往会敲着黑板，强调哪些是重点。

这类内容要详细记录，包括定义、例题和求解思路。在复习时，可以针对这些内容进行强化复习。

4. 记补充

为了让学生更好理解课本内容，老师往往会讲解一些书上没有的内容。为了记录这部分内容，我们课前需要预习，了解课本上有哪些内容。这样，课上就可以及时分辨出这部分内容。课后复习时，可以有针对性地复习这部分内容。

5. 记感悟

感悟是自己对内容的理解。感悟可能产生在课堂上，也可能在课下整理笔记时，甚至是日后复习时。这些感悟都要记录在笔记中。

由于感悟产生的时间不同，所以在记笔记时，应提前留出对应的空白，不要一开始就把页面写得太满。

上课的主要任务是听讲，笔记是课本内容的补充。有选择地记录，才能做好笔记。

4.7　读书笔记：快速读书笔记法

除了听课时的课堂笔记外，读书时的读书笔记也有助于学习。

笔者刚开始大量阅读时，发现自己存在很多问题。例如，阅读时经常走神；一旦合上书，大脑空空如也；好不容易对内容有点印象，也是一些关于细枝末节的内容，感觉像是"捡了芝麻，丢了西瓜"；

甚至过上几天，连书看到哪儿都忘了。

幸好，在同学的建议下，笔者阅读时开始在书上做笔记。经过一段时间，笔者的阅读效率一下子提高了。

每次阅读后，笔者都可以和同学就书中内容进行讨论，大家都说笔者看书简直是"过目不忘"。笔者把这个方法称为"快速读书笔记法"。

该方法的具体实施步骤如下。

1. 划出重要内容

阅读的时候，为了避免走神，我们需要动脑也动手。所以，我们首先需要准备一支笔，一边阅读，一边找出重要内容。

一本书的重要内容有以下 3 种。

（1）关键词。

每段文字都有一些关键词，阅读的时候，我们需要找出这些词，把它们圈起来。例如，在故事中，人物名称、故事发生的地点和时间都是关键词。在议论部分，讨论的观点中包含关键词，这些词可以帮助我们抓住内容的重点。

（2）关键句。

一段文字可以包含很多句子，每个句子都表达了特定的意思。我们可以在段落中找出概括性的句子，在下面画横线。通过这些句子，我们可以梳理出整篇文章的脉络，理解作者的思路。

（3）关键段落。

每节的内容都有对应的中心思想，为了方便我们理解，大部分作者都会直接写出来。例如，故事的关键段落通常在开头或结尾，而议论部分通常在结尾。阅读一篇文章后，我们需要找出来这样的段落，在它们的外侧画竖线。

2. 标出内容层次关系

当内容很多时，我们需要分辨整个内容的层次关系。

通常，作者会通过明确的编号将层次给我们指出来。但由于格式限制，小的层次无法清晰表达，这就需要我们自己找。

例如，一个段落讲了叠纸飞机的 5 个步骤。为了便于理解，我们可以自己为每个步骤添加编号"（1）""（2）""（3）""（4）""（5）"。

如果一段内容提及前面或后面章节的内容，我们可以找到对应的位置，将对应的页码标记在书上。

3. 写下自己的感悟

当我们理解书中的内容后，就会有自己的想法，这时候要抓紧记下来。

这时我们不需要找专门的笔记本，可以直接在书中的空白处记录。这些感悟可以是一个词语，也可以是一句话，甚至是一段话。

这样，我们就可以和作者形成一种交流。

4. 标记阅读位置

每次阅读后，我们要用明显的符号标记阅读位置。

这种方式比书签更有效，因为书签只能标记大致的范围，并且只能记录一次的阅读位置。而符号更精确，还可以记录我们每次的阅读进度。

翻看这些符号，我们更容易获得成就感。

这 4 步构成了笔者的"快速图书笔记法"。它让笔者在阅读的时候，不仅过眼，还过脑、过手。这样更容易真正读懂书。

这个方法很简单，但关键在于养成习惯。所以，我们需要刻意练习，将其变成自己下意识的行为，只有这样才能感受这种方法的好处。

4.8 避免盲目：主题分类笔记法

通过记笔记，我们可以主动思考，整理知识，以便后期学习和复习。为此，我们可以采用主题分类笔记法。这种记笔记方法可以有效避免盲目做笔记，避免做无用功。

主题分类笔记法的实施可以分为 3 步。

1. 区分学科，找出考点

在学校，我们每天要同时面对多门学科。每门学科的考点都不同。

例如，语文考查识字、认词、阅读和写作，数学考查公式、定理的记忆和应用，英语考查单词、语法、阅读和写作。

针对每门学科，笔记内容的类型会不同。这就需要我们课前明确笔记内容的类型，以免上英语课时，还带着物理课的习惯，找定理、抄例题。所以，我们要提前在笔记本上划分好区域，做好标记。

例如，英语课前，用横线和竖线将每一页分为几个部分，第一部分标记"生词"，第二部分标记"句型"，第三部分标记"语法"，第四部分标记"听力"等。

2. 引导思考，主动分辨

分好区域的笔记本可以引导我们主动思考和学习。这个单词以前没见过，需要写到生词区域；那个语法是在巩固前面讲解的内容，需要写到语法区域。记笔记时，要严格按区域进行，不要惧怕留下大块空白。发现某个区域这次规划的空间多了，下节课就给这类内容少划分些空间。

这样，在记笔记过程中，大脑始终处于主动活跃状态，不断辨别听到的各项内容，并对其进行分类，找到对应的区域。这样就能避免走神，使得学习效率更高。

同时，对内容进行分类也是对知识的一次粗加工，能使思路更清晰，这样有利于知识的理解，也更容易形成长期记忆。

3. 整理笔记，便于复习

将内容按类型分开记录，也相当于完成了笔记的初次整理，这非常有利于后期复习。例如，需要记忆生词时，直接看笔记的生词区域；需要巩固语法时，直接翻语法区域。

对于常规笔记，当我们要复习指定内容时，就需要对一堆内容进行分辨，找出复习的要点，排除其他内容的干扰。这样不仅费时费力，还容易造成遗漏。

主题分类笔记法是一种高效的记笔记方法。它能让我们结合学科主题，课前预判，做好分类，规划好笔记区域；课上主动分辨讲解的内容，进行分类记录；课后快速进行针对性复习和巩固。

4.9 复盘回顾：复习笔记这样做

上课老师讲得快，有的学生笔记记得乱七八糟，等到复习的时候，自己都不知道记的是什么了。这其实是漏了"整理"这一步，整理课堂笔记非常重要。

（1）上课后的 24 小时是遗忘的高峰期。在这个时期，人们将遗忘 70% 的内容，及时复习是挽救的唯一方式。

（2）大脑更善于记忆条理性强的内容。相比课本，笔记是对于课堂内容的总结，条理性更强。

（3）老师在讲解时，加入了手势、语言、表情等元素。整理笔

康奈尔学习法
从记笔记开始，成就终身学习

记的时候，学生会自动将这些元素和课本知识结合。这是把单纯的知识记忆转化为经验记忆，经验记忆在大脑中存续的时间更长。

（4）通过笔记，我们可以对课堂知识进行二次总结，便于后期复习。

很多学生不会整理笔记，让整理笔记变成了抄写课本，这样起不到应有的作用。要有效地整理笔记，应遵循以下4个原则。

1. 不能拖延

课后要及时整理笔记，不可以拖延。整理时，要对照课本回忆课上讲解的内容。当天的笔记一定要当天整理，否则到了第二天，大脑会忘掉一多半的内容，整理笔记的效果就会大打折扣。

2. 增删改查

老师讲得快，笔记很容易记得不完整。整理时，需要补充遗漏、跳跃和省略的内容，将简写的、符号替代的部分恢复。

课本上有但不重要的内容要舍弃，以保持笔记的简洁，减少记忆量。还要查找错别字、记录不准确的部分，进行修改。

最后，进行整体检查，确认笔记的完整性、简明性和正确性。

3. 分层编号

按照提纲，对笔记内容进行分层，排列顺序，然后加上统一的编号。

整理不仅可以重新梳理知识结构，加强各个知识点的联系，还可以加深理解，提高记忆效率。

4. 分类抄写

对整理后的笔记内容进行分类，如将英语笔记按照生词、语法、常用句式分类，并对每个部分用不同的颜色和符号进行标记，然后根据需要将相同类型的内容抄写到其他地方，如抄写在卡片上。

将相似的内容进行对比，可以加深理解和记忆。

整理笔记有以下 3 个常见误区。

1. 将笔记重新誊写一遍

有的学生觉得笔记记得太乱，会把笔记重新誊写一遍，这是一种效率很低的学习方式。整理笔记的作用在于回顾课上老师讲解的内容，加深理解。只要不影响阅读，不用刻意讲求笔记的工整。

2. 把页面填得满满的

有的学生喜欢把页面写得满满的，这样，复习的时候不用看书，只看笔记。

其实，笔记是对课本内容的理解和补充，再详细的笔记也不能代替课本。复习的时候，课本和笔记对照看，效率才能最高。

3. 每篇笔记只包含当节课的内容

课本为了避免重复，每节课只讲解新知识点。有的学生认为笔记应该和课本保持一致，刻意让每篇笔记只包含当节课的内容。

这样会导致人为割裂知识点。知识点之间是互相关联的，通过这种关联，我们不仅可以复习老内容，还可以加深对新内容的理解。

所以，在整理笔记的时候，可以适当加入关联紧密的老内容。

5

学习的习惯：
别让负面情绪拖累学习效率

第 5 章

人的心态影响着学习效果。好的心态不仅能让学习过程轻松快乐，而且使我们更容易取得好的学习成果；相反，不好的心态不仅会让学习过程枯燥乏味，而且可能对学习结果产生不良影响。

本章主要讨论如何应对与学习相关的压力问题、焦虑问题、紧张问题、情绪问题、拖延问题、自信问题、专注问题和睡眠问题等。

5.1　压力管理：健康的压力才能催生动力

很多学生会因为受学业压力的影响而学习效率不高。

实际上，感受到压力是人的一种应激反应。生活中给人压力的状况无处不在，但任何事都可以一分为二地看待。一方面，一定的压力可以激发人的行动，激励人专注于实现目标。另一方面，过大的压力会降低人的能力，影响人的正常表现。

在完成学业、通过考试方面，感受到压力是在所难免的。面对压力，最好的策略不是想办法消除所有压力，而是学会管理压力，让自己在一定的压力水平下有最佳的表现。

压力能给人带来一种情绪能量。适度的情绪能量能让人产生行动力，同时又不会影响身心健康；然而这种情绪能量大到自己无法控制时，不仅不利于产生行动力，而且会损害身心健康。所以压力管理是平衡的艺术。

压力水平和表现水平的关系如图 5-1 所示。

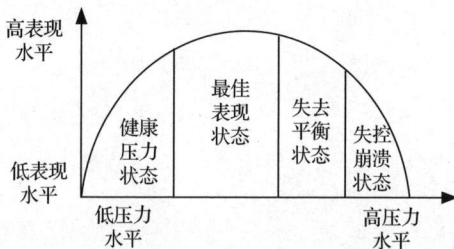

图 5-1　压力水平和表现水平的关系

图 5-1 中的"表现",包括心理表现、身体表现、学习成绩等各方面的外显性结果。本书旨在讨论学习方法,所以对表现水平的解读重在学业或考试方面。

1. 健康压力状态

适度的压力有助于改善人们日常的表现。在学业方面,一定的压力能够帮助我们及时完成作业、集中精力准备考试、按时完成论文。处在这个区域代表压力水平比较健康,能让我们在朝着目标努力的同时感受到挑战,并且一切都在控制之中。

2. 最佳表现状态

如果想要达到最佳表现状态,就要让自己在身体上、心理上、情感上做好充足的准备。这时候我们就要承受相对健康,但水平更高的压力。在这种压力状态下,人的潜能会得到最大的激发,同时又不会影响健康。

3. 失去平衡状态

当压力逐渐变大时,高压力水平可能会压垮身心,造成失衡。这时候我们往往会易怒、疲劳、出现睡眠问题、注意力下降、身体某些部位有痛感。在学业方面,表现为学习成绩开始下降。这时候我们要及时通过压力管理来调节压力水平,恢复平衡,把压力控制在适度水平。

4. 失控崩溃状态

当压力越来越大,大到不受控制,使人临近崩溃时,身心健康也将受到影响。这时候我们可能表现出健忘、身体不适、焦虑、恐慌,甚至出现心理或生理上的疾病。到了这个阶段,自我干预如果不起作用,可以寻求外部的干预或帮助。

对于压力管理,我们可以从两个方面入手,一是保持健康的体魄,二是培养积极的心态。

1. 保持健康的体魄

要保持健康的体魄，可以从以下 3 个环节入手。

（1）保证充足的睡眠。

睡眠不足会对人的注意力、记忆力和决策力产生负面影响，同时也会影响人的情绪，让人变得易怒或沮丧。

要保证充足的睡眠，可以给自己设定规律的睡眠时间，调整好自己的生物钟，固化每天的起床和就寝时间。就算每天能够保证睡眠时间，但如果生物钟不固定，起床和就寝时间总是发生变化，也会增加身体的负担，达不到良好的休息效果。

多数人每天需要的睡眠时间在 6 小时以上。如果白天总是感到困乏，则可能代表睡眠不足。我们根据自己的感受可以找到合适的睡眠时间，要确保自己每天都有足够的睡眠时间。

（2）保证健康的饮食。

饮食会影响人的身心，从而影响人们应对压力的能力。健康饮食不仅是管理压力的前提，也是好好学习的前提。

要保证每天吃早餐，这会给我们一天的学习活动提供必要的能量。不吃早餐可能使人的血糖水平降低，使人出现心慌、晕眩、记忆力下降等问题，还可能影响人的神经系统。

要多吃蔬菜和水果，减少不健康食物的摄入。

（3）定期锻炼身体。

定期锻炼身体能够让人感到放松，能够有效缓解紧张、焦虑或抑郁问题。

锻炼可能比较难坚持，为此，我们可以让锻炼变成生活的一部分，变成一个雷打不动的惯例，每周至少要抽出时间锻炼 3 次，每次 30 分钟。

2. 培养积极的心态

要培养积极的心态，可以从以下 3 个环节入手。

（1）身心放松。

当我们感受到压力时，身心放松能够让我们更好地管理压力，并能够有效缓解压力给我们带来的负面感受。

身心放松的方法可以是深呼吸。首先用鼻子慢慢吸气，默默数到 3；屏住呼吸数到 3；再用鼻子慢慢呼气，默默数到 3；再次用鼻子慢慢吸气，默默数到 3，如此循环多次。除深呼吸外，还可以通过意识和动作让肌肉放松。

（2）掌控生活。

当感到压力巨大，从而产生很多负面情绪时，我们可以考虑一下哪些方面是自己可以控制的。

例如，采用正确的时间管理方法，充分利用自己的时间和精力；克服拖延，让自己时刻保持行动力；每天给自己设定一些小目标，并不断达成。

（3）提升自信。

自信能够明显提升人的表现。在强大的自信面前，压力会显得微不足道。要提升自信，可以定期回顾自己做过的事。例如可以盘点自己做成的事，不论这件事大或小，多关注自己的优势和成就；也可以盘点自己的失败，但别让自己陷进去而无法自拔，盘点失败是为了找到问题，走向成功。

5.2　干预措施：9 个方法缓解压力过大

在学习中，压力是无处不在的。如果我们长期处在过大的压力之下，不懂得如何让自己平静下来，回到放松的状态，则可能被压力击溃，造成身体和心理的双重问题。产生如下问题往往代表压力过大，应当采取一定的干预措施，缓解压力。

1. 情绪问题

压力过大可能产生的情绪问题包括愤怒、焦虑、恐惧、担心、悲伤、哭泣、抑郁、绝望、感到不知所措、对曾经享受的事物失去兴趣等。

2. 认知问题

压力过大可能产生的认知问题包括记忆力下降、注意力不集中、思维混乱、大脑中存在挥之不去的想法等。

3. 身体问题

压力过大可能产生的身体问题包括肌肉紧绷、心率加快、血压升高、某处疼痛、睡眠障碍、身心疲惫、腹泻、便秘、食欲不振、体重变化、经常生病等。

完全消除压力是不可能的，实际上，从压力水平和表现水平的关系也能看出，完全没有压力也是不利于一个人成长的。既然压力不能完全消除，也不应完全消除，那我们就要学着管理压力。管理压力的关键，是缓解压力给自己带来的负面感受。

简而言之，压力还是那个压力，但我们的耐受力强了，或者懂得从另外的角度来看待或应对压力了，压力自然就得到缓解了。压力管理能让我们与压力更好地共生共存。

缓解压力的常见方法有 9 个，具体如下。

1. 避免孤僻，结交益友

那些拥有更广社交网络的人，往往感受到的压力比较小，心理健康状况也比较好。多交益友，有烦心事多和自己的朋友、家人或学习小组成员交流，能够有效缓解压力。相反，如果性情孤僻，有事都放在自己心里，情绪无处排解，则可能出现心理问题。

2. 放下完美主义

在康奈尔大学，很多学生对自己的要求非常高，但没有人是完美的，没有人能每次都考出好成绩，没有人能每门学科都考满分。我们应试着对自己宽容，试着像对待好朋友一样善待自己、理解自己，别要求自己做一个完美的人。

3. 增强适应能力

人拥有适应外界物理环境的能力，同时也拥有适应压力的心理承受能力。增强自己身体和心理的适应能力，能够帮助我们从容地应对压力和挑战。人的身心适应能力越强，受情绪问题困扰的可能性就越低。

4. 不要以压力为荣

有些人把自己每天的忙碌、压力大视为一种荣耀，有时候会到处和别人比较并炫耀，更有甚者会拿压力大小来竞争。这其实是非常不利于身心健康的，压力应适度，过大的压力只会影响我们的生活质量。

5. 养成好习惯

好习惯不仅有助于学习，而且有利于我们的身心健康。养成好的睡眠习惯，能够得到有效的休息；养成好的饮食习惯，能够获得充足的营养；养成好的锻炼习惯，能够获得强健的体魄。所以，养成好习惯能够大大缓解压力。

6. 重构思维模式

对同一件事，不同的人有不同的理解，心态积极的人会往积极的方向想，心态消极的人则会往消极的方向想。面对失败，有人将其看成学习和成长的机会，有人则将其看成人生的污点。消除那些消极的想法，用乐观积极的心态看待人生，克服对失败的恐惧，从失败中吸取经验教训，才能为下一次成功做好准备。

7. 保持身心放松

如果身心难以放松，总是保持紧绷的状态，那么我们对压力将会非常敏感。如果身心能够得到有效的放松，压力将会得到有效缓解。保持身心放松的方法包括深呼吸、意念控制等。

8. 多接触自然环境

优美的自然环境有助于放松身心，提高记忆力和专注力，提升幸福感，从而减少压力。学习一段时间后，可以到户外散散步，也可以为了多感受户外的自然环境，走更远的路线去上课。

9. 找到发泄情绪的方式

把负面情绪发泄出来，能起到释放压力的作用。每个人发泄情绪的方式不同，可以和朋友一起出去郊游，可以进行一定量的运动，或者去唱歌或跳舞，适合自己就行。

5.3 平复焦虑：4个方法消除学业焦虑

很多学生都有学业焦虑（含焦虑感、不安感或紧张感，本节接下来统一用焦虑指代）的问题。焦虑是人的本能反应，与人的生存息息相关，是人进化的结果。焦虑是身体给人的提示，意在提醒人要注意周围的环境状况。当人感到焦虑时，是身体在表示感受到了某种威胁，提醒人要做好对抗或逃跑的准备。

当人感到焦虑时，人的身体正在发生一系列变化，通常表现为肾上腺素增加和内啡肽减少。增加的肾上腺素能够导致心跳加快，而内啡肽是一种能让人产生快乐感、减少疼痛的化学物质。这些变化会让人高度重视和关注自己焦虑的源头，从而快速做出对抗或逃跑的反应。

感到焦虑其实并不是坏事。在茹毛饮血的原始社会，一个完全感受不到焦虑的人意识不到危险的来临，不能及时做出反应，很可能难以生存。就算是在没有那么多生存危险的现代社会，一定的焦虑也是有必要的。

当然，比较强的焦虑会影响人的注意力和记忆力，导致人无法顺利完成学业。但如果完全没有任何焦虑，绝大多数人会丧失写论文、做作业的动力。这种情况在那些我们不感兴趣的课程上尤为明显。

实际上，与压力水平和表现水平的关系类似，适度的焦虑可以通过创造学习的动力来提高学习成绩。焦虑水平和成绩表现之间的关系如图 5-2 所示。

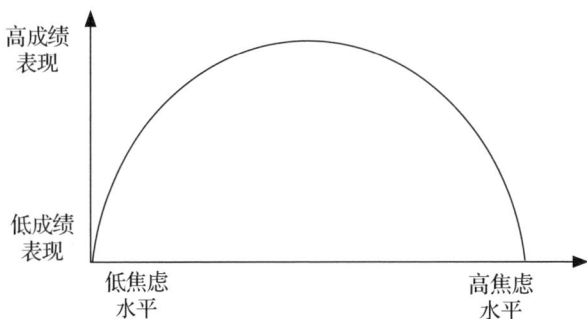

图 5-2　焦虑水平和成绩表现之间的关系

对学业的焦虑通常表现在 4 个方面，分别是担忧、情绪化、干扰行为和方法缺陷。要解决焦虑问题，我们首先要辨识出自己的焦虑属于哪一种，然后有针对性地采取应对策略。

1. 担忧

担忧的想法会妨碍人们专注于行动，会妨碍人们成功地完成学业。常见的担忧包括感觉自己可能会失败，不自信，或者总是盯着自己做得不好的地方。

要解决担忧的问题，我们应当构建积极的心智模式，把消极的、失败的想法替换为更客观的、对学业更有帮助的想法，也可以通过心理暗示来增强自信。

2. 情绪化

情绪化的状况通常表现为过分紧张或焦虑，常见情况为心跳加快、手心出汗、肌肉紧张。

要解决情绪化的问题，我们可以进行肌肉放松练习或呼吸放松练习。

3. 干扰行为

有时候焦虑来源于一些看似与需求相关，实际上不利于达成目标的干扰行为，比如考试的时候不断地看时间，或者在一道自己不会做的题上花太多时间。

类似这样的干扰行为有很多，要解决该问题，最好的方式是识别出这些行为，并有计划地减少或改变这些行为。如果自己不能识别出这些行为，可以请朋友帮忙。

4. 方法缺陷

如果学习方法存在问题，也可能会导致焦虑。其实很多学生之所以会焦虑，就是因为没有掌握正确的学习方法。例如事先没做好预习，导致没搞清楚核心知识点；平时不学习，等到快考试时才想起来要学习等。

要解决这个问题，应当掌握并应用正确的学习方法。方法正确，事半功倍；方法错误，事倍功半。本书存在的意义，正是传播正确的学习方法。

当然，从焦虑水平和学习成绩之间的关系可以看出，焦虑水平太低也并不是好事。有的人过分焦虑，导致自己学习成绩不佳；有的人很少焦虑，也会导致学习成绩不佳。

如果一个人没有学习的意愿，知识没有学会也不着急，不想看书，不愿意写作业，不愿意花时间准备考试，对考试成绩落后没有太多负面感觉，不考虑成绩差可能影响自己的未来，没有主动学习及改变现状的动力，则可能说明他焦虑水平过低。

当我们发现自己焦虑水平过低时，应当定义自己的梦想，审视自己的人生目标，不断用未来想要达成的理想激励自己，多想一想学习成绩与实现人生目标之间的关系。

没有谁能随随便便成功，没有谁能不通过努力就享受成果，好好学习是实现人生理想，达成人生目标的最佳途径。

5.4　控制紧张：替换、忽略对未知的恐惧

很多人在考试时明明知道答案，却会因为紧张答错；或者在考试时大脑一片空白，已经掌握的知识全部想不起来，考试结束后反而全想起来了。这些都可能是考试时过分紧张造成的。

考试前适度的紧张是有好处的。紧张能让人分泌更多的肾上腺

素，从而增强人的意识，让人保持警觉。而过度紧张不仅会显著影响考试成绩，而且可能影响身体健康。例如有的人会因为考试而出现失眠、食欲不振甚至脱发等症状。

考试前的紧张状态可能表现为害怕、恐惧、易怒或绝望。有的人可能会因为考试紧张头疼、注意力不集中或感到饥饿；有的人可能因为考试紧张出现高血压；原本有哮喘病的人，可能因为考试紧张加重病情。

除此之外，厌倦无聊也可能是一种考试紧张的表现，例如很多人在考试前会经常打哈欠。当身体处于紧张状态时，可能造成大脑缺氧，而打哈欠正是身体增加氧气供应的一种方式。

在考试期间，紧张状态可能表现为困惑、恐慌、出现心理障碍、晕厥、手心出汗或恶心等。很多人在考试过程中犯困，提不起精神，也可能是考试紧张的一种表现。

考试紧张还可能延续到考试后。在考试后，紧张状态可能表现为假装对考试漠不关心，对自己没有好好学习产生负罪感，对课程相关的事情感到愤怒，责怪外部因素，甚至产生很多负面的想法，产生抑郁倾向。

如何战胜考试紧张呢？

紧张往往来源于自己的思想。我们的心智模式影响着我们对世界的看法。管理好思想，保持好心态，能够有效缓解考试紧张。

发现自己的思想充斥着大量负面内容或感到混乱失序时，我们首先要在思想上紧急叫停。这就像是开车时发现车辆失控，为避免出现事故首先要紧急刹车。我们停止产生负面想法后，可以采取下列措施的其中一种。

1. 思想替换

与其每天疲于应付一片空地上生出来的杂草，不如在这片空地种上自己喜欢的花草树木；与其每天疲于应付自己冒出来的负面情绪，不如一开始就让自己变成一个乐观的人。当我们时刻持有积极、开朗、健康、愉悦的想法时，就没有紧张的余地了。所以当我们发现自己为考试而紧张时，可以多想一想开心的事。

2. 想象成功

期待什么，你的注意力就会聚焦在什么上。当我们总想着好事情，我们就会更加注意到那些好事情；当我们总想着坏的事情，就只会注意到那些坏事情。如果我们总是觉得自己会失败，只会提高失败的概率。如果我们可以多想一想自己成功时的样子，想象具体的画面、动作、声音、表情，就会提高自己做事成功的概率。

3. 观察细节

人的注意力是有限的，当我们把注意力都放在某一事物上时，就不会给紧张留有余地。考试前，我们可以把注意力放在一些具体事物上，例如观察墙上某幅画的细节，看看窗外某棵树的树枝，观察自己的手表的材质，仔细听一听周围环境的声音，触摸桌面并感受其纹理等。

4. 自我鼓励

很多人不会对他人有负面评价，却经常用负面的话评价自己；很多人经常用善意的话鼓励他人，却不懂用善意的话鼓励自己。我们应学着自我鼓励，学着赞美自己，像善待朋友一样善待自己，告诉自己："加油！放轻松！我能行！"

5. 最坏情况

与其紧张，不如想象一下最坏的情况是什么。当然，最坏的情况也应该是合理的，不能过于荒唐。围绕这种坏情况，我们可以问问自己是否能接受。实际上，只要不是危及生命的事，可能没有什么是不能接受的。

紧张很多时候来源于对未知的恐惧，这种感觉谁都会有。当我们把对未知的恐惧替换、忽略后，紧张就会变得可控。紧张来源于我们的思想，而思想是我们自己的，学着控制思想，就能控制紧张、战胜紧张。

5.5　情绪管理：保持好情绪的 8 个秘诀

不论是学业焦虑还是考试紧张，本质上都是一种情绪表现。学会管理情绪，保持最佳的情绪状态，既有助于日常学习，又有助于缓解焦虑和紧张。情绪管理的关键，是管理好自己的感受。要做好情绪管理，可以从以下 8 个维度入手。

1. 做深呼吸

我们可以通过把注意力放到自己的呼吸上，让自己平静。当发现自己呼吸短促的时候，我们可以尝试做深呼吸，具体方法是用鼻子和嘴感受呼入和呼出的空气，持续 2~5 分钟。可以想象自己正站在鼻尖上，看着空气是如何在鼻孔中进出的。

2. 感受身体

放松身心，保留简单的意识，是缓解情绪问题的有效方法。感受身体就是这样一种方法，具体做法是先将注意力集中到自己的脚上，让自己的脚部肌肉放松下来；接着把注意力转移到自己的脚踝，让脚踝放松；接下来逐渐向上，将注意力转移到小腿、大腿、臀部、腹部、后背、上肢、手指、脖子、肩膀、头部等，让每一个部位的肌肉放松。

3. 收紧放松

当发现自己身体的某个部位特别紧张，难以放松的时候，我们可以用收紧放松的方式来缓解这个问题。例如我们发现自己肩膀的肌肉特别紧张，难以放松，可以弓起背部，尝试让肩膀的肌肉更加紧张，然后再放松。这样持续几分钟后，就能感受到紧张的肌肉得到了放松。

4. 场景想象

闭上眼睛想象一些惬意的场景，有助于舒缓情绪和放松身心。这些场景可以是美丽、宁静的自然环境。

例如，可以想象自己身处海边的沙滩上，像《浪花一朵朵》那首歌描绘的场景一样，"看着那海龟水中游，慢慢地爬在沙滩上，数着浪花一朵朵"。

想象的场景可以是自己曾经有过的美好经历，也可以是自己从未到过的地方。不论是什么样的场景，只要能让自己放松，给自己带来美好的感受就可以。找到一种方式，让思想快速地进入那个场景，享受属于自己的放松时刻。

5. 描述感觉

当发现自己出现负面情绪时，我们可以尝试描述这种情绪带给我们的具体感觉。这种对感觉的描述可以尽可能具象化，例如这种感觉在身体的什么位置最强烈？这种感觉是什么颜色，是什么形状，是什么材质，有多大的体积，有多重等。

6. 情绪共生

对抗、压抑、忽视情绪都不是处理情绪问题的最佳方式。处理情绪问题的最佳方式是与情绪和解，承认自己有这类情绪，不论当前情绪给自己带来多大的困扰，都可以尝试与其共生共存。例如在考试之前感受到自己很紧张，我们除了战胜紧张外，还可以正视自己的紧张，与紧张共生共存。

7. 有氧运动

虽然在课堂上或考试中不能用有氧运动来缓解负面情绪，但这是一种能减少身体紧张的日常方法。进行 15~20 分钟的有氧运动，有助于调整情绪。常见的有氧运动包括快走、慢跑、游泳、骑自行车等。

8. 外界干预

当以上这几种方式都不起作用，同时发现自己的焦虑或紧张问题一直得不到缓解，尤其是发现自己变得越来越孤僻，开始持续抑郁、长期绝望，甚至经常想到死亡时，我们一定要找心理咨询师，寻求专业的心理辅导。

5.6　赢在起点：用预习提高学习效率

课堂学习是学生获取知识的重要方式，所以要学好一门课程，听课是关键。如果课上没学好，课下可能要多花 4~5 倍的时间才能弥补回来。凡事预则立，不预则废，要想提高听课效率，也需要提前做好准备。预习就是有效的准备方式，它直接影响了听课效率。

每个人的基础不同，预习产生的效果和给人的感受也就不同，这导致学生对预习产生了很多误解。

例如，有的学生觉得作业那么多，哪有那么多时间预习；有的学生觉得自己学习不好，跟着老师走就可以了，没必要提前跑；有的学生花了大量时间做所谓的"预习笔记"，结果耽误了完成作业。

那么，如何正确预习，避免走入误区呢?

1. 预习并不是要学会

很多学生觉得，预习就是要学会，这其实是把预习的目的搞错了。

很多"学霸"通过预习就能把新知识掌握得七七八八，经常能做到快速翻一遍书，就能直接做课后习题了。但对大多数学生来说，预习的目的是熟悉要学习的知识，掌握其内容结构。

这就像跟团旅游，即使报了旅行团，我们也要提前做功课，通过看地图和旅游攻略，了解行车路线，景点有哪些好玩的，以及需要注意哪些问题。这样到了景区后，我们就能重点关注自己感兴趣的项目。万一走丢了，我们也可以快速找到正确的路线。

预习之后，老师讲解新知识时，我们就不会因为有陌生感而产生心理压力。另外，大部分学生很难在上课时全程集中精力，总会走神，而预习可以帮助我们在走神后重新找到老师授课内容的脉络。

2. 预习并不一定需要大量时间

很多学生觉得，预习要花费大量时间，其实不是。

这就像7天的旅游，我们最多花3小时做出行前的功课，搜集信息快的人，也许半个小时就够了。

预习也是如此，我们只需要将课本大致翻一遍，留下大致印象。推荐的预习时间是正式学习时间的1/4，所以一节40分钟的课，预习只要10分钟。

所以，我们只要利用各种零碎时间，就可以做好预习。

3. 预习不需要做详细的预习笔记

很多学生觉得，预习一定要做预习笔记，实际上不需要。

在预习时，我们只需要把自认为的重点和难点画出来，便于上课时注意听讲。如果预习阶段发现的问题较多，可以列出一个清单，上课时依次对应找寻答案。

下课后，我们应依次确认每项内容是否都已经掌握。如果有遗漏的，我们需要及时请教同学和老师。

有的学生写字慢，预习时可以将一些公式、要点、标题提前抄写到笔记本上，从而给上课听讲留出更多的时间。

总体来说，预习是不需要专门做笔记的。

4. 学习差的人更需要预习

很多学生觉得，学习差就不需要预习，实际上刚好相反，学习差的人更需要预习。越不预习，学得越慢，学得越差。

课程内容是前后衔接的，新知识往往基于旧知识。通过预习，我们可以了解新知识所依赖的旧知识有哪些。一旦发现旧知识掌握得不牢固，就需要抓紧时间复习。这样，我们不仅可以巩固旧知识，还可以促进新知识的学习。

不论学习好不好，预习都是必要的。每节课开始前，我们都需要拿出几分钟翻一遍书，画画重点和难点。如果发现旧知识点有所遗忘，我们还需要复习一下，以免影响新知识的掌握。

笔者上学时有个雷打不动的习惯，就是每天完成作业后，就开始做第二天的预习。这种每天的预习是最重要的预习方式。

与其他预习方式相比，这种预习方式效果最好。首先，这种预习对具体章节看得最细致，也最为充分。其次，这种预习距离上课不到24小时，记忆效果好。所以，笔者非常重视每天的预习。

每天的预习该做什么呢？

1. 粗读一遍书

预习首先要看的是课本，尤其是老师第二天要讲解的那部分内容。

大部分老师都会在当天上课结束后，提前说明下次讲解的范围。如果老师忘记了，可以在下课后追着老师问。这时老师不仅会告诉你讲解的范围，还会提几句要点，这些都是需要抓紧记下来的。

通过粗读一遍书，我们可以了解讲解的内容，在大脑中形成一个地图。这样，我们就会知道明天会讲到哪些公式、定理，会有哪些习题。

2. 复习旧知识

每节课的内容都有一定的关联性。对于已经讲过的知识，要确保掌握，因为这是基础。如果基础不牢，不仅预习效果会大打折扣，而且听课效果也不会太好。

所以，不论自己是否掌握旧知识，我们都要再翻一遍那部分的课本内容和习题。这样就可以确保不会因为旧知识没有掌握而影响第二天新知识的掌握。

3. 尝试做课后习题

我们粗看课本时，也许感觉都能看懂，但这远远不够。因为只看课本会让大脑"自以为是"，认为自己会了。要验证自己到底有没有看懂，可以尝试做课后习题。

课后习题通常都是与课本内容相对应的比较基础的题目。通过这些题目，我们可以强化对知识点的理解，明确公式、定理的应用方式，并确认课本内容的要点。

如果遇到不会的题目，要找到与题目对应的基础知识的位置，仔细阅读。

4. 寻找难点和重点

经过以上预习步骤，大部分课后习题应该都能被解决了，但也会有部分难题看不懂，对应的内容正是第二天上课的重点。

我们可以将自己预习时的所有疑问记下来，在第二天听课时，注意老师讲解的这部分内容。如果听课后仍然无法理解，就寻求老师的帮助，及时解决这些问题。

很多学生担心这样预习后，就没有兴趣听课了，实际上并不会。预习后知道了要讲解的内容，反而可以让我们更安心地听老师讲解。这种心理上的优势会转化为信心，让我们更乐观，尤其是抱着要解决难点问题的心态，会让我们更有学习的主动性。

用正确的方法预习会让我们的学习效率更高，让我们赢在起点。

5.7　终结拖延：跳出拖延的死循环

拖延的人常常不是什么都不做，而是总有很多事情要做，却没有做自己最想要做、需要做和应该做的事。

这样的人就好像走入了拖延的怪圈。要解决拖延问题，就要找到拖延的根源，打破拖延的怪圈。所谓拖延的怪圈，实际上是一套行为模式。这套行为模式分成 6 个步骤，如图 5-3 所示。

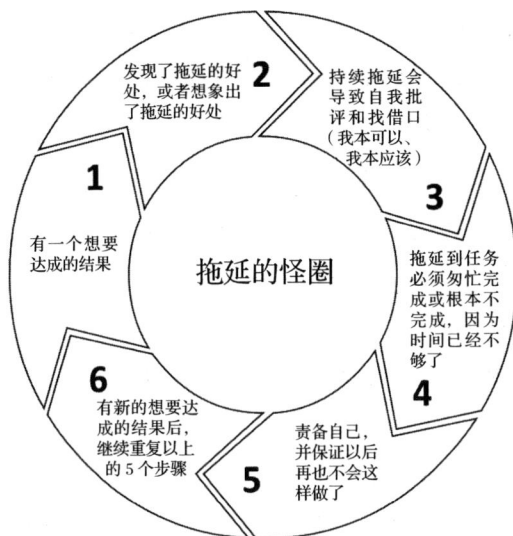

图5-3　拖延的怪圈

每个人拖延的原因不同，弄清楚原因，有针对、有策略地采取行动，就能有效应对拖延。要打破拖延的怪圈，首先要明确自己为什么拖延，从而采取不同的应对策略，找到相应的调整方法。常见的拖延原因有以下8种。

1. 因为不知所措而拖延

有人可能因为面对的任务过于宏大，不知道该从何处入手而感到不知所措，从而产生拖延。要解决这个问题，我们应学会拆分组块。拆分组块的核心原理是化大为小，把大的、不知从何处入手的事物拆分成小的、比较容易上手处理的事物。

针对这个原因，可以采取如下策略。

（1）将学习时间分成不同的组块。为了保证学习效果，每天花在相同课程或学习项目上的时间不要超过2小时。

（2）时间可以被拆分，学习内容同样可以被拆分。将大块的学习内容拆分成小的学习内容，并将其安排在不同的时间中，最终便能够较轻松地学会大块的学习内容。

（3）把每天的时间分成几个部分，每个部分学习某一门课程。这样所有课程的学习可以齐头并进，不会出现偏科的情况。

（4）制订一个属于自己的学习计划，这里可以采用前文提到的"5天学习计划"。

（5）在实施以上4点前，首先做好练习和深度思考，从而做好规划。

2. 因为挫败感而拖延

对于新知识，因为自己之前没接触过，所以学习过程可能具有一定的挑战性。有人可能因为在学习过程中有了挫败感而产生拖延，但实际上，学习过程本就是不舒服的。如果学习时没有任何不舒适的感觉，可能是因为自己还处在舒适区，这反而可能是没学到新知识的表现。

针对这个原因，可以采取如下策略。

（1）把自己调整到正确的学习心态。要认清学习本身可能是不舒服的，可能是有挑战的，可能是难以理解的。总之，应提前做好心理建设，清楚学习并不是一蹴而就的，要用正确的心态对待学习，用发展的眼光看待成长。

（2）严格执行学习计划。好的学习计划是循序渐进的，是由难到易的，是逐渐进步的。有了好的学习计划，严格执行学习计划，往往能取得好的学习成果。

（3）尝试从外部获得帮助。在康奈尔大学，学生可以利用"办公时间"与教授或助教讨论问题、向他们寻求帮助；可以参与一个学习小组，与小组成员讨论；有难题时也可以直接问身边的朋友。

3. 因为完美主义而拖延

"完美主义者"经常不愿意行动，因为这类人总在等完美的方案、完美的时机、完美的状态，期待完美的结果，总之在一切都完美的时候才愿意开始行动。但实际上哪有真正的完美？很多事都是方向大致正确、有雏形，然后一点点调整，才有了后来的样子。

针对这个原因，可以采取如下策略。

（1）不论刚开始做得有多不好，着手做就对了。例如要写一篇论文，首先要做的就是开始写。先写一个草稿，如果有问题，可以不断修改。草稿就像一座灯塔，指明了大致的方向。如果没有草稿，则可能无从下手。而这一切的关键，就是不论如何，先开始做。

（2）不要对自己吹毛求疵。任何人或事都不可能是绝对完美的，所谓的完美，实际上是能接受的、某种程度的不完美。提前确定所要达到的标准，让自己尽可能达到这个标准，可能在客观上就已经足够好了。

4. 因为惰性而拖延

有人拖延纯粹是因为自己的惰性，可能平时习惯了放纵自己，让懒惰变成了一种惯性，不自觉地拖延。这类人的行为往往倾向于某种状态的延续。应对这种情况的关键是想办法让自己开始做，只要开始做了，可能反而比别人更容易坚持下去。

针对这个原因，可以采取如下策略。

（1）先开始。开始比结束更难，相比于设定结束时间，不如先开始做，开始做就是战胜拖延的第一步。

（2）让自己坚持做 5 分钟。在这 5 分钟里，屏蔽所有的干扰，全身心投入。如果 5 分钟后还想做别的，那就去做，至少自己已经开始了。

（3）想象事情最后完不成时自己惶恐的状态，并放大这种情绪。为避免出现这种惶恐的情绪，开始就会变得比较容易。

5. 因为缺乏动力而拖延

有人拖延是因为缺乏动力，不知道自己做这件事是为了什么，不知道事情做成后能给自己带来什么，没有一种必须把事情做成的冲动。

针对这个原因，可以采取如下策略。

（1）将自己要做的事情与目标联系起来，以便让自己产生行动的动力。

（2）注意自己的语言模式，给自己良好的心理暗示，试着用"我想要做"来代替"我不得不做"。

6. 因为不自信而拖延

有人拖延是因为不自信，总是对自己抱着怀疑的态度。

针对这个原因，可以采取如下策略。

（1）更换自己的底层假设，消除对自己的消极对话。例如把"我能行吗"换成"我可以"，把"我能做成这件事吗"换成"我当然能做成这件事"。

（2）盘点自己曾经取得的成绩，同时思考曾经为取得这些成绩付出的努力。调整心态，让自己坚信，努力总是会有收获的。

7. 因为负面情绪而拖延

有人拖延是因为产生了某种负面情绪。例如因为不喜欢某个老师，而不愿意学习某门学科；或者因为听别人说了某门学科的坏话，而对这门学科产生了某种偏见。

针对这个原因，可以采取如下应对策略：

（1）好好想一想，不行动最后受损失的是谁？当然是自己。例

康奈尔学习法
从记笔记开始，成就终身学习

如因为不喜欢某个老师就不学某门学科，最后还是自己受损失。

（2）寻找一个途径来发泄自己的负面情绪。例如可以通过打篮球来发泄负面情绪，这同时还能起到锻炼身体的作用。

8. 因为没有时间而拖延

有人拖延是因为自己的时间被各种各样的事情占满了，导致没有时间做该做的事。

针对这个原因，可以采取如下策略。

（1）盘点时间。自己的时间都去哪儿了？为什么这么忙？这些事情真的有必要做吗？有些事情可不可以不做？

（2）规划时间。可不可以用更少的时间完成某些事？某些事可不可以请别人完成？与别人协作完成某件事会不会更节省自己的时间？

5.8　培养自信：在舒适区和恐惧区之间成长

对学习来说，自信是非常重要的。可很多人总是对自己不自信，如在学习时觉得自己就是学不会某类知识，考试时总是患得患失。有没有什么技巧，可以提升自信呢？

1. 重复训练

《卖油翁》里有句话"我亦无他，惟手熟尔"，说的就是重复训练的道理。不断重复训练，做到将技能烂熟于心，这样就能在遇到各种突发状况时应对自如。自己练习了很多次，已经非常熟练，自然而然就有了自信的资本。

2. 不惧失败

任何人的一生都会经历无数次的失败。J. K. 罗琳（J.K. Rowling）

被拒稿了12次，才得以出版《哈利·波特》。失败也许会消磨人的自信，让人产生自我怀疑，但只有人经历过失败，对失败脱敏，才能不惧怕失败。

3. 自我激励

当消极的对话在脑海中不断出现，人的意识就会影响行为。此时，人们需要花费大量的脑力来对抗这些消极情绪，能分配到学习上的脑力就少了很多。这时候，我们只需要记住一点：自己的生活，自己主宰。然后，放空大脑，排除杂念，将注意力集中在学习上。

4. 远离那些拖后腿的人

生活中不乏傲慢和假装自信的人。常言道："近朱者赤，近墨者黑。"如果想提升自信，一定要远离这些人。这时，我们应该多靠近积极向上的"学霸"，他们的乐观心态、专注的品质会影响我们，让我们也能积极面对学习中的各种问题。

5. 不要自我贬低

人的一生总会遇到低谷期，这时人们常常会产生自我怀疑。遇到低谷的时候，我们可以尝试给自己写自夸信。在信上写出那些曾经让自己骄傲的事情，这些过往的辉煌会帮自己度过低谷期。即使没有特别的闪光之处，我们也要相信"天生我材必有用"。

其实日常的做题练习也能培养学生的自信心。

做题是巩固课堂知识的重要方式。为了获得最好效果，大部分学生不仅要完成老师布置的作业，还需要做教辅资料的习题。在教辅资料选择上，很多学生容易犯以下两种错误，导致进步缓慢。

1. 只做简单的，不做复杂的

高中时，同学们一起买了很多教辅资料。笔者的第一本还没有做完，同组的小王就开始做第三本了。笔者跑过去翻他做过的前两本，发现只有判断题、选择题和部分填空题做了,简答题一律空白。一问原因,小王却说,基础重要,搞定基础了,难的自然就会了。可最终小王的考试成绩却是刚刚及格。

2. 只做困难的,不做基础的

同样在高中时,其他组的一个同学特别用功。做题时,他专挑难题做,整本习题册有大块空白,只有小部分大题后面有寥寥几笔。每次做题时,他都愁眉苦脸的。休息的时候,他总是垂头丧气,抱怨自己基础不好。参加考试时,他非常紧张,考试成绩自然不理想。

这两种错误的做题方法会影响我们的自信。

要说明这个原理,就要提到恐惧区、成长区和舒适区的概念。

心理学家把人们在应对各种情况时的心理状态分为 3 个层次,最里面的一层叫舒适区(Comfortable Zone),向外扩展的第一层叫成长区(Growth Zone),向外扩展的第二层叫恐惧区(Panic Zone),如图5-4 所示。

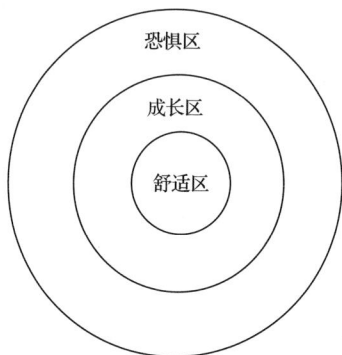

图 5-4　心理状态层次的示意图

每个人都有自己的"舒适区",在这个区域里会感觉很舒服,一旦离开了这个区域就会感到不舒服。

成长区是让自己踏出舒适区一些，但又可以通过学习来适应的区域。所有的学习都应当在成长区内完成，因为如果人们把自己推出舒适区推得过猛，很有可能把自己推入恐惧区。在恐惧区里，人们因为要把所有的精力都用于应对自己的焦虑和恐惧，所以没有多余的精力去学习。

心理状态层次的划分来自心理学的一个经典实验。

在 1908 年，心理学家罗伯特·M. 耶基斯（Robert M. Yerkes）和约翰·D. 多德森（John D. Dodson）提出，人们在相对舒适的心理状态下表现也是稳定的。然而，我们需要增加一点焦虑，也就是用比正常状态高一点的压力来使我们达到最佳表现。增加的这一点焦虑被称为最佳焦虑值（Optimal Anxiety），这一点焦虑使我们刚好处于心理舒适区的外沿。

1. 舒适区

学习没有任何难度的知识或做习以为常的事就是让自己待在舒适区里，例如只做简单的题目，不做复杂的题目。大量做类似的题目虽然可以巩固知识，但难以拓展，无法让人学习新的思路和方法。

2. 成长区

成长区才是正确的区域，在这个区域中，我们要做有一定挑战的事。这时，我们虽然会感到一些不适，但不至于太难受。要让自己处在成长区，可以按以下两步走。

（1）基于"70% 原则"选择题目。每做 10 道题，应该有 7 道题是一眼看上去就会做的，剩下 3 道题我们应该有思路，但不一定能做出来。这样既可以避免题目太简单，无法让人提升，又可以避免题目太难，打击学习的积极性。

（2）做题时，先做两道简单的，再做一道难的。前两道题目可以帮我们熟悉和巩固知识点，并获得成就感，培养自信。第三道题目用于拓展知识点的应用，加深理解，以获得更大的进步。

3. 恐惧区

以超出自己能力范围太多的方式学习就会让自己处在恐惧区，例如只做难题，忽视基础题。这时我们可能需要花费大量时间才能取得很小的进步。同时由于难度太高，我们备受煎熬，自信很容易受损，很容易认为自己笨，不适合学习。

做题时不要一味追求数量，不求难度，也不要只追求难度，不求效率。正确选择题目，难易搭配，兼顾知识复习和思路扩展，不仅能让我们事半功倍、快速进步，而且能够帮助我们构建起自信。

自信能够帮助我们面对困难，让我们坚持下去；能够让我们更专注于每件事，取得成功；能够让我们有勇气进行尝试，掌握更多的知识。

5.9　培养专注：一个人不能同时骑两匹马

学习需要专注，人的注意力在同一时间不能放在两件事上。

我们受制于自己的健康、财富、知识等，而最大的限制，是我们最宝贵的时间。有限的时间做不了无限的事情，要成事，必须专注。因为专注，才有"夸父追日"的精神，才有"精卫填海"的毅力，才有"愚公移山"的执着，才有"闻鸡起舞"的勤勉。

很多人觉得自己能够有效地同时处理多项任务，可事实证明，绝大多数人是无法在同一时间兼顾多项任务的。例如，我们在听线上课程的时候，如果没有刻意屏蔽干扰，很可能受手机应用提醒、电话、电子邮件等各类事物影响而分心。

很多人认为自己能做到的"多任务处理"，实际上只是"多任务上的微处理"。他们其实只是在不同的任务之间来回快速切换，实际结果很可能是多个任务相互妨碍，而不是多个任务同时高效推动。

这就像物理中的串联电路和并联电路。人们觉得自己的精力可以像电流一样走并联电路。但实际上几乎没有人能做到同时把精力放在多项任务上，更多的情况是在几条串联电路上来回切换。

学习时，当有人试图同时做多项任务时，通常会出现如下情况。

1. 需要更长的时间才能完成作业

因为每次写作业的时候被其他事情分神，都要重新让自己的思想回到作业中，必须重新熟悉作业，找到之前的位置，尝试回忆或规划自己的下一步应该做什么等。

2. 可能犯很多原本不该犯的错误

短时间内在多项任务之间来回切换有可能造成大脑疲劳。大脑疲劳可能导致精神涣散，思想不集中，使人在处理一些原本不该出错的事项时出错。

3. 记忆力下降

没有足够的专注力，我们就很难调动长期记忆，进而会造成记忆力下降，记住的信息减少。

这就是为什么上课的时候、学习的时候、复习的时候、写作业的时候、做自测题的时候，一定要尽可能避免分心。

如何让自己保持专注力呢？

1. 坚持一次只做一件事

在同一时间不要尝试做很多事。

2. 提前规划休息时间

人的精力是有限的，当长时间专注于同一件事时，人们会感觉精神疲惫。所以我们可以提前设置好自己的休息调整时间，专注学习一段时间后站起来伸一伸懒腰、看看窗外、喝点水，这样做能有效缓解疲劳。

这里也可以用番茄工作法：集中工作 25 分钟左右后，给自己 3~5 分钟的休息时间。番茄工作法的具体原理将在后文详细介绍。

3. 避免一切可能的干扰

手机、计算机等电子设备是双刃剑，用得好能促进学习，用不好则可能影响学习。在学习过程中，如果有必要使用电子设备，要注意关闭电子设备的通知、弹出、提醒等功能，关闭聊天软件等可能对学习产生干扰的软件。

人们很容易陷入一心多用的境况中而不自知。例如学习的过程中收到了一条聊天短信，于是一边和对方聊天，一边学习，结果造成学习效率低下。当事后意识到时，却为时已晚。

当出现这种情况时，可以在事后复盘当时的学习状态，尝试发现自己的注意力都落到了哪里，以免这种情况再次发生。如果能够在过程中发现，也应当及时叫停，立即将注意力放到学习中。

实际上，学习如此，人生更是如此。历史上的科学巨人、文坛巨匠们正是因为心无旁骛、聚精会神，用一生的时间做好自己的事业，才得以最终有所成就。

5.10　高效睡眠：睡好觉可以提高成绩

很多学生为了取得好成绩，拼命地挤压睡眠时间，试图通过缩短睡眠时间来增加学习时间。这样做很可能导致成绩没提升，精神却越来越差。睡眠不是洪水猛兽，而是记忆的好帮手，睡不好觉，肯定学不好。只有睡好觉，保证充足的休息，才能学习好。

人的睡眠过程包括浅睡眠和深睡眠两部分。

浅睡眠约占了睡眠时间的 70%，在浅睡眠过程中，大脑会自动对当天接收的信息进行整理和组合，经过整理和组合的信息更容易被理解和掌握。

这也是很多问题人们在睡觉前还想不明白，睡一觉就能想明白的原因。所以，睡觉不仅是为了充分休息，而且是为了更好地学习和理解知识。

关于睡眠有很多误区，有些误区一直在一些老师和家长间传播。要高效睡眠，我们必须认识到这些误区，比较常见的有 4 个。

1. 人一天必须睡满 8 小时

科学推荐，儿童每天的睡眠时间为 8~9 小时，但这并不意味着每个人每天都需要 8~9 小时的睡眠。最佳睡眠时间是由基因和生理情况共同决定的，有的人每天只需要睡 4~6 小时，也有的人每天一定要睡上 10 小时。

如果发现自己比较喜欢睡觉，不要感到自卑，这不一定是懒惰的表现。如果自己每天只能睡 6 小时，醒了以后就再也睡不着了，也不要感到焦虑，不需要逼自己睡。

找到自己最佳的睡眠时间，适合自己的才是最好的。

2. 所有人都应该早睡早起

人类有早睡早起型和晚睡晚起型两种睡眠节律，每个人都应该找到最适合自己的作息方式。

如果发现自己属于晚睡晚起型，就不要刻意早起，只要保证自己上学不迟到就可以。不过要注意的一点是，早上一定要在同一时间起床，醒来后就立即起床，绝不赖床。

康奈尔学习法
从记笔记开始，成就终身学习

如果是早睡早起型的，晚上就早点睡觉，不要因为玩手机耽误了自己的睡眠。早起后，可以利用清晨的这段时间学习。

3. 做梦代表睡眠质量不好或没休息好

做梦是正常现象，并不能代表睡眠质量差或没休息好。

在一个睡眠周期内非快速眼动睡眠和快速眼动睡眠交替出现，交替一次称为一个睡眠周期，每个睡眠周期为90~120分钟。

快速眼动睡眠对记忆和情绪很重要，此时大脑活动很快，大多数的梦都发生在这个阶段。而做不做梦和是否休息好没有直接的关系。

4. 失眠人群也应该午睡

晚上的睡眠是一天中最重要的休息时间。如果晚上睡得不好，说明睡眠效率不高，第二天应尽量避免午睡。这是为了将睡眠驱动力积累起来，到晚上一起释放。

如果晚上的睡眠效率较高，但因为必须早起而睡得不够，这种情况下是可以通过午睡来缓解困乏的。

很多学生有睡眠不好的问题。有的是因为学习压力大，晚上睡不着；有的是经常熬夜写作业，早上起不来，作息乱了，结果一天都是昏昏沉沉的。

了解了睡眠误区之后，接下来就可以运用正确的方法，保证高效的睡眠了。要保证高效的睡眠，可以从5个方面入手。

1. 有氧运动

（1）运动会让体温升高。不过，大量热量会在出汗后被释放，从而使体温下降到比原来低的水平，这会增大睡眠的驱动力。

（2）运动时身体会分泌很多激素，帮助舒张血管、降低焦虑感，有助于放松。

（3）运动时细胞会产生更多腺苷，腺苷是细胞代谢的副产品，积累起来能诱发大脑困倦。

2. 沐浴

用热水泡脚或洗热水澡后，我们的身体会自然冷却，从而产生困意。另外，泡澡可以加速褪黑素的释放，这有助于睡眠。

3. 抓住最初的困意

每个人都有睡眠的最佳时机，如果错过最佳时机（通常在晚上 11点），那么身体很可能会给我们注入第二波能量，而这会让我们保持清醒直到凌晨 2 点。如果晚上犯困后坚持不睡觉，结果很可能是难以再进入睡眠状态，于是该睡时不睡，想睡时又睡不着。

4. 避免"害怕睡不着"带来的紧张感

很多学生因为成绩原因变得有些焦虑，影响了睡眠质量，而后对睡眠特别在意，焦虑的对象就转变成了睡眠本身。

这时要适当降低对睡眠的预期，告诉自己少睡一会儿也没关系。要用平常心来对待睡眠，越怕睡不着越睡不着，不去想这件事反而容易睡着。

5. 偶尔半夜醒来也不要有压力

处于快速眼动睡眠时，我们很容易从睡眠中醒来。实际上，每晚醒 1~3 次属于正常现象。很多时候，由于醒来的时间非常短，我们甚至不记得醒来过。

不要因为半夜醒来而有心理压力，继续睡就好。

最好的睡眠方法是养成规律的作息，固定每天就寝和起床的时间。尽量不要打破这个规律，以平常心来对待学习和睡眠，就能得到充足的休息，达到劳逸结合。

6

学习的检测：
用考高分验证学习效果

考试是学习成效的检验方式，也是重要的选拔方式。考试不仅考查我们对知识的掌握情况，而且考验我们的精力和心理素质。有的学生平时学习很好，但一到考试反而考不好，原因正是"不会考试"。我们不仅要学习扎实，还要掌握正确的应试技巧。

本章主要探讨考试和提升分数的方法，也介绍一些考试过程中的解题技巧。当然，任何考试技巧都不能代替学习，考试技巧是学会后保证得分、防止丢分的策略。考试技巧是锦上添花，而不是雪中送炭。不好好学习，想只靠考试技巧得高分是不现实的。

6.1 测试效应：用考试促进学习

测试是人们从记忆中提取知识的触机。

每个人都会受到测试效应（Testing Effect）的影响。在接受测试时，人们会不自觉地从记忆中不断检索信息，以便快速想起相关信息，从而给出答案。当人们快要接受测试时，学习和复习的紧迫感和积极性水平会不自觉地提高。

想想两种情况：一种是自己下周就要参加数学考试了，而且已知考试的范围，这时候要安排关于数学考试的复习；另一种是下周没有数学考试，这时候要安排关于数学的复习。哪一种情况的复习效果更好呢？

相信很多人都有过类似的经验，多数时候，是第一种情况的复习效果更好。这正是测试效应产生的影响。

为什么测试效应有助于学习呢？

1. 变被动学习为主动学习

根据吸收知识的主动性，我们可以把学习分成两种，一种是主动学习，另一种是被动学习。主动学习是主动、自发、由内向外的学习。主动学习的目的性更强，通常是基于某个明确的目标而学习。被动学习的目的性没有那么强，通常是别人传授什么，自己就被动地接受什么。

传统意义上的看书或听课，都属于被动学习。学习时，我们是被动地接受书本或课堂上的知识。接受这些知识时，我们很少会思考这些知识有什么用，为什么要学习这些知识。

所以我们会觉得学习枯燥乏味，不喜欢学习。这其实是正常现象，因为这种学习过程不仅缺少主动性，而且缺少外部反馈。

主动学习则不同，它是我们基于某个目的，从心底里想要学习某方面知识，目的性非常强。测试效应可以激发人们主动学习的意愿。

2. 强化信息提取能力

多参加测试，能够提升人的反应速度和从记忆中提取信息的能力，能够帮助人快速回忆起学过的知识。

很多人错误地认为看到了、记住了，就是学会了，结果每次考试都考不好。实际上，真正的学习是需要和学习内容做大量互动的。通过这种互动，人脑的神经元才能建立起相应的连接。

这就像学开车，不管我们之前看过多少次别人开车，不管我们在理论上多懂开车的方法或技巧，不管我们有多精通汽车的机械原理，就算我们是汽车相关专业的学生，在汽车生产工厂实习过很长一段时间，甚至亲手造过很多汽车，只要我们之前从来没真正开过车，都不能说自己会开车。只有实际开车，并经过一段时间的练习后，才算真正学会了开车。

测试正是练习的过程，通过不断的测试，人们不断提取和应用大脑中的信息，提升大脑的信息检索能力，才能真正学会知识。

3. 有助于形成长期记忆

有研究表明，经常在学习过程中参加测试的人，比不参加测试的人更容易形成长期记忆。这是因为经常参加测试的人在不断提取和应用知识，这起到了复习的作用。

这就是为什么很多学校会给学生设计模拟考试，尤其是高三的学生。在接近高考的时候，很多学校甚至会每月模拟考试 1~2 次。为帮助学生提高正式考试的成绩，学生可以在参加模拟考试时注意如下事项。

（1）尽可能在正式考试的地点进行模式考试，从而提前熟悉考场的环境氛围。

（2）用正式考试的时间限制来要求模拟考试。

（3）如果正式考试是闭卷考试，模拟考试也应当是闭卷考试；如果正式考试是开卷考试，模拟考试也可以使用开卷的形式，当然也可以给自己增加难度，在模拟考试中尝试使用闭卷的形式。

（4）多给自己设置模拟考试，在刚学完时就可以尝试进行模拟考试，从而了解自己对知识的掌握程度和做题的速度。之后可以多次进行模拟考试，以观察原本没有掌握的知识是否已经掌握，以及做题速度是否有所提高。

测试的时机非常重要，有实验表明，测试与学习、记忆间隔的时间越短越好。同时，根据遗忘曲线的规律，间断性地持续进行测试效果更好，这一点和复习的道理类似。也就是说，最好在学习之后马上做一个测试，看自己有没有记住，然后再根据遗忘曲线的规律设计后续测试的时间。

6.2　冲刺日历：通过考试的 10 条建议

在每个学期快结束时，康奈尔大学的学生会制作"冲刺日历"（Homestretch Calendar），如表 6-1 所示。

康奈尔学习法
从记笔记开始，成就终身学习

表 6-1　冲刺日历样表

周次	星期一	星期二	星期三	星期四	星期五	星期六	星期日
第一周							
第二周							
第三周							
第四周							

冲刺日历可以让学习和复习变得更有条理。通过冲刺日历进行时间规划和管理，学生可以用好自己的每一分每一秒。这样划分好时间，就算在期末考试期间，学生依然可以有充足的时间吃饭、睡觉或锻炼。设计冲刺日历的方法与前文介绍的设计学习计划的方法相同。

为帮助学生圆满完成学期末的课业学习、设计复习计划并顺利通过考试，有 10 条可以参考的建议。

1. 更全面的学习计划

在学期末，学生要完成多门课程的学习和考试。为此，学生制订的学习计划应当全面，要包含和兼顾每一门课程，不能有遗漏。学生不应总是在一门课程上来回学习，这样反而容易产生倦怠感。

2. 提早开展复习规划

早起的鸟儿有虫吃，早些制订复习计划，把复习的时间隔开，有节奏地复习，有计划地给自己设计休息时间，就不至于在快考试的时候手忙脚乱。而且提前安排复习计划还能有效应对各类突发状况。

3. 有策略地制订计划

在制订复习计划前，首先要思考哪些信息可能对自己有用。例如根据以往的经验，一天中有哪些时间段是最适合自己学习的？是不是所有课程都适合在这些时间段学习？有哪些地点是安静、无人打扰的？

4. 程序化计划的行动

考试前的复习计划应当尽量简单，且最好是固定的、程式化的、机械化的，看起来像是一套工作流程。例如固定每天的复习、吃饭、睡觉、锻炼等的时间，这样能减少思考自己什么时间做什么的缓冲时间，提高复习效率。

5. 与伙伴并肩前行

在临近期末考试的学习时间里，与身边的伙伴一起学习往往能达到比较好的效果。我们可以与伙伴在这段时间里相互陪伴、相互激励，如果遇到学习上的困难，也可以相互讨论，共同解决难题。

6. 保持充足的睡眠

有了充足的睡眠，第二天才有精力继续学习，不要为了学习牺牲自己的睡眠时间。学习是一项持续的工程，非常耗费体力和精力，短时间内牺牲休息时间的突击学习并不是长久之计。

7. 健康是第一位的

不要为了学习牺牲自己的健康，复习计划中要清楚设定自己吃饭、睡觉、锻炼、休闲的时间。每天的学习时间长短并不是复习计划好坏的衡量标准，因为如果自己的健康出了问题，学习效率必然会下降。

8. 多做练习题

应通过自测的形式，多做一些练习题。做练习题时注意不要直接看答案，而应当先自己做，再和答案比对。要注意对题目的理解，注意解题的过程，注意举一反三，弄明白错题，而不是死记硬背答案。

9. 多参加模拟考试

与多做练习题的原理类似，参加模拟考试能发现自己的薄弱环节。模拟考试中出现的错题揭示了自己知识的薄弱环节，那些自己还没有弄明白的地方。这提示我们可以针对这些薄弱环节进行针对性复习。

10. 每天做一件有趣的事

在复习计划中，可以每天安排一件不占用大块时间又有趣的事。这样做可以陶冶情操，放松大脑，调整情绪，丰富自己的生活。例如跑步、散步、做饭、烘焙、遛狗等。

在复习过程中感到疲倦，想要拖延或放弃时，可以想想自己未来的规划。想想自己想要成为谁，想想自己为什么学习。让学习成为实现自己人生蓝图的工具，将有助于更好地达成学习成果。

6.3　迎接考试：高效有序筹备考试

考试的时间是相对固定的，我们通常会有几周，甚至几个月的时间来备考。备考的质量直接影响成绩的好坏。要想做好备考，我们需要从心态、学习方式、作息等多个角度进行准备。

1. 重视成绩和排名

重视成绩和排名可以在一定程度上使我们更有动力。

笔者有个朋友，从小学到高中总要争个前 3 名，这样学习有劲，考试有激情，他最后考上了清华大学。他上大学后，一度觉得"及格万岁"，不垫底就可以。学习没动力了，上课也没劲了，考试也懒得准备了，结果好几门课差点不及格。幸亏他及时醒悟，重新赶了上来。

所以，我们虽然不能过分强调成绩和排名，但也不要过分淡化成绩和排名。

2. 不要过分焦虑

保持适当的压力，可以让我们复习更积极。但千万别焦虑，不要觉得考试考不好，天就塌下来了。

我们要在战略上轻视"敌人"，不滋生焦虑情绪；在战术上重视"敌人"，踏实复习。

为了鼓励自己，给自己设计一些物质奖励也是必要的。例如，如果这次考试数学能考满分，就奖励自己去吃好吃的。

3. 有针对性地复习

如果复习的时间有限，无法实施地毯式复习，应该整理以前的试卷、错题本，因为这些资料中包含大部分自己需要注意的问题。

对于这些资料，应避免走马观花地看，要仔细分析每个错题的解题思路，思考当初自己为什么做错了。

4. 多重感官刺激

手里一边写，嘴里一边念，也是提高学习效率的方式。复习时，不仅要用眼睛看，还要调动其他感官，如用手写、用嘴巴念、用耳朵听。多重感官刺激，能让我们更容易记住。

5. 不要熬夜

在复习备考阶段，要保持正常的作息习惯，让身体处于稳定的状态。如果为了赶时间熬夜复习，不仅会让白天的学习效率降低，还会影响心情，导致焦虑。按照正常作息，提高效率才是关键。

不同于日常学习，备考需要在一段时间专注于特定内容的学习。只有摆正心态，有针对性复习，提高学习效率，才能以最好的状态迎接考试。

6.4 考试不慌：想不起来时就这么办

很多人有考试紧张的问题。有人说考试时大脑一片空白主要是因为紧张，只要调整心态，不紧张了，大脑就恢复正常了。这种说法其实并不正确，因为几乎每个考生都会紧张，只是紧张的程度和表现不同。

并且就算我们不紧张，大脑也有可能一片空白。例如，我们正开心地在游乐场玩，突然碰到一个认识的朋友。这时我们心里并不紧张，但就是想不起人家的名字，只能尴尬地打个招呼。

为什么会出现这种情况呢？

我们的大脑记忆了很多东西，如果要找到某条记忆，就需要提取线索。线索是记忆内容的一部分，我们看到或想到这部分，就会刺激自己想起相关的内容。

例如，当不记得勾股定理时，我们如果看到或想到直角三角形的样子（两条直角边＋一条斜边），就能一下子想起来。但如果没有这样的刺激，我们就很难想起来，这时候表现出来的，就是想到勾股定理大脑还是一片空白。

知道原因后，考试再遇到想不起来的问题，可以采用以下两个解决办法。

1. 从试卷找线索

我们如果对知识点掌握得较好，尤其是大量练习过的，会对一些关键线索产生记忆。

例如，我们受到某一部分线索的刺激，就可以想起来勾股定理，如直角三角形、直角边、斜边、长度等。我们需要找到这类线索。

考场上，包含线索最多的就是手里的试卷。大脑一片空白时，不要着急，先花时间把试卷读一遍，重点关注这个科目的各类专业术语，通过这些术语的刺激，大脑会想起各种关联的记忆。这样，大脑就不再空白，逐步恢复正常状态。

这也是复习时要采取知识检索复习法的原因，这种复习方法可以帮助我们更好地记忆、检索和提取知识。

2. 从情景找线索

我们如果对知识点掌握得不是特别好，线索记忆没有那么深刻，但看到试卷还是会有一些感觉，甚至觉得自己做过类似题目。这意味着我们的大脑记得相关场景，这种记忆被称为情景记忆。

对于这类记忆，我们需要想象可能发生的场景。只要想到的东西和当时的场景类似，就有机会回忆起来。

这时，我们可以把自己的作业本和错题本、讲授这门课的老师、看的参考书作为线索，刺激大脑想起相关的情景。

考试时遇到了大脑一片空白的情况，先不要着急，只要按照方法，寻找对应的线索，对大脑进行刺激，就可以恢复日常做题的状态，从容面对考试的挑战。

6.5　做选择题：4 个策略 5 个步骤

对于选择题，学生可以注意如下 4 个策略。

1. 注意限定词

限定词指的是那些表示度量和状态的词，例如"所有、总是、好的、坏的"这类词。在选择题中，这些限定词直接决定了这道题的正确答案是什么。

例如，以下哪项是正确的（　　）。

A. 所有住在上海的人都说上海话

B. 有些住在上海的人说上海话

C. 所有没住在上海的人都不说上海话

D. 有些没住在上海的人也说上海话

根据限定词，这个题的参考答案是 BD。

需要注意的限定词包括如下内容。

（1）所有、大多数、一些、没有。

（2）总是、通常、有时候、从不。

（3）更多、更少、相等。

（4）好的、坏的。

（5）是、不是。

（6）一定、可能。

需要注意的是，限定词有时候出现在题干中，有时候出现在选项中。我们应该把这些限定词作为选择题的关键词，给予特别关注。

2. 注意否定词

我们要特别注意否定词，因为这可能影响整道选择题的答案走向。题目中出现否定词时，可能意味着我们要把大脑中某些知识做反转处理，才能得到正确答案。

例如，下列不属于紧缩性货币政策的措施是（　　）。

A. 提高存款准备金率　　　B. 发行央行票据

C. 买进政府债券　　　　　D. 提高再贴现率

题目中的"不属于"就是否定词，根据题目，本题的参考答案是 C；但如果将"不属于"改为"属于"，则本题的参考答案应该是 ABD。

这里也要注意，若一个句子中出现了双重否定词，则表示肯定。我们不能因为句子中含有否定词，就简单地认为其表达的是否定含义。

例如，房间里没有人不被这个故事感动。

表达的意思是：房间里所有人都被这个故事感动了。

或者，我们班没有一个人不喜欢张老师。

表达的意思是：我们班所有人都喜欢张老师。

为了提醒自己，当遇到否定词时，可以用笔将其圈起来。这类题如果不能直接得出答案，可以先把否定词去掉，看答案应该是什么，然后再加上否定词验证，答案通常是剩下的选项。

3. 使用排除法和代入法，选择最优解

在做单项选择题时，如果很多答案有迷惑性，可以尝试排除错误的选项，选择那个我们认为最正确的选项。

很多时候，我们做单项选择题时，可能排除错误选项之后还剩下两个选项，这两个选项好像都正确。此时我们可以把这两个选项代入题目做比较，然后选择那个更好的选项。

例如，一次数学考试一共有20道题，规定：答对一道题得2分，答错一道题得1分，未答的题不计分。考试结束后，小明共得23分，他想知道自己做错了几道题，但只记得未答的题目数量是个偶数。问小明答错了（　　）道题。

A.3　B.4　C.5　D.6

参考答案：A。

解析：根据题目条件可知，小明答对的题目得分必然是偶数，而小明的最终得分为奇数，所以小明答错的题目数量必然是奇数，选项为偶数的答案不正确，将其排除。

假设小明答错的题目数量为3，则小明答对的题目数量为（23+3）

÷2=13。未答的题目数量为20-13-3=4，符合未答的题目数量是偶数的条件。

假设小明答错题目的数量为5，则小明答对的题目数量为（23+5）÷2=14。未答的题目数量为20-14-5=1，不符合未答的题目数量是偶数的条件。

4.通过语法删除错误选项

不论哪个学科的选择题，都必然要遵循基本的语法规则。从语法上看就有错的选项，肯定不是正确答案。

例如，住在上海的人（　　　）。

A.是一个美丽的城市　　　B.是世界上最热情的人

C.有些不会说上海话　　　D.有一座动物园

选项A和选项D说的是上海这个城市，而不是题目中的"住在上海的人"，不符合语法规则。选项B虽然符合语法规则，但表述过于极端，不现实。选项C是客观正确的选项。

另外，还可以按照如下5个步骤审题和解题。

1.阅读题目

阅读题目，确保自己明白题目表达的意思。这里要注意明确题目中每个词的意思，尤其要注意一些关键词的意思。

2.想象答案

在正式看每个选项之前，先尝试想象一下正确答案可能是什么。这么做有时候可以直接获取答案，就算不能，也可以帮助自己归纳思路，帮助自己排除错误答案。

3.寻找线索

从题目中寻找暗示正确答案或排除错误答案的线索。例如，题目中可能暗示答案是偶数，而非奇数，则可以直接排除所有奇数的答案；有时候题目中已经表明了语法，答案就应当是与题目语法相当的选项。

例如，$14687 \times 21538 = ($ 　　$)$。

A.316314875　　B.316326081

C.316328606　　D.316329357

解析：这个题目不必真的计算就能得到答案，题目中的两个数字的尾数分别是"7"和"8"，相乘之后的尾数应该是6，只有C选项符合，所以答案应该为C。

4. 删掉错误

当发现错误选项后，用笔将其划掉。这样做有助于让我们对剩下的选项更专注，可以把主要精力用来思考剩下的选项哪个是正确的。

5. 标记检查

考试时自己如果遇到答案不确定的选择题，不要在这类问题上浪费太多时间，可以先给出自己的答案，然后做个标记（例如可以标记一个问号），以免后面的题没有时间作答。在所有题目都答完后，如果还有时间，再回过头来检查那些有标记的选择题。

6.6　做计算题：5个注意事项6个关键点

有的人知道某道计算题该怎么算，已经得出了正确答案，却没有得到整道题的满分；有的人在答题过程中没有注意到单位，结果造成答案错误；还有的人解答计算题的过程逻辑混乱，不规范、不整洁、不清晰，结果造成丢分。

计算题常出现在数学、物理或化学等学科中。很多这些学科学不好的人一做计算题就头疼，有时候就算背下了相关知识，也不一定能做好计算题。实际上，计算题得高分是有方法可循的。

计算题要得高分，有以下5个注意事项。

1. 提前练习

计算题要得高分，解题的经验和熟练度是非常重要的，要多做题，多练习。很少有人能学完某个知识后，不经过任何练习，直接做题还能全部正确的。考试中几乎所有的高分都来自大量的练习和纠偏，越高年级的计算题越符合这个规律。

做计算题练习的时候要注意一开始慢一些，多体会题目要表达的含义，注意理解题目的意图、要考查的知识点以及这些知识点的变化。计算题中很容易出现多个知识点交叉的情况，练习时要多分析这些题目，以触类旁通，真正搞懂知识。

练习时发现有比较难的题或自己不会做的题是好事，这总比到正式考试的时候再发现要好得多。遇到这类题时要注意不要直接看答案，要自己尝试后再看答案检查自己有没有做对。比较自己的解题思路和答案的解题思路，看看二者之间的差距，才能收获更大。

2. 认真审题

做计算题时一定要认真审题，理解题目的含义，包括题目到底在考查哪些知识点，需要用到什么公式，有没有一些额外的信息自己没有注意到，画个草图会不会对自己解题更有帮助等。做计算题时也可能出现答非所问的情况，所以要注意题目到底问的是什么。另外，审题时也要注意题目中数字的单位，注意单位换算。

3. 确定方法

确定了计算题的解题方法后，就要动笔写下自己的答案了。解题时，要写清楚所有的公式，包括多公式之间的逻辑关系；要写清楚解题的过程，包括必要的文字描述；必要时，可以画一个草图来说明解题过程或逻辑关系。

4. 写清步骤

计算题考查的重点并不是最后的计算结果，而是计算的步骤和逻辑。计算题并不是最后答案错了就满盘皆输，而是每个解题步骤都有对应的分值。只要每个解题步骤都对了，就算最后的答案错了，也可能得到大部分的分数。

清晰整洁的解题过程不仅有助于评分人依据步骤给分，提高得分的概率，而且能帮助自己归纳解题的思路，降低出错的概率。

5. 检查

计算题的检查不仅是检查最终的计算结果，还包括检查整个计算过程。这就要求检查时要用做题时的思维从头到尾地评判。

计算题要得高分，还要注意以下 6 个关键点。

1. 写清公式

做计算题时要用到一些定理或公式，这很可能正是这类题要考查的知识点。答题时，要把用到的定理或公式写清楚。要先写出原始的定理或公式，再代入题目数字，而不是只写代入题目数字后的公式。如果有多个定理或公式，既要分步骤列出，又要有编号，不要合并后写出。

2. 文字说明

很多计算题的答案不只是数字或公式，还包括必要的文字说明。文字说明可以介绍和推进计算过程，可以起到起承转合的作用，可以说明所列公式的依据和公式中各类字母的含义，可以说明题目中的一些隐含条件或临界条件，也可以说明所求结果的目的或意义，是很多计算题答案的必要组成部分。

3. 计算过程

计算题不能只有结果，没有过程。做计算题的一般过程是先简要介绍解题逻辑，再列出一系列公式，将题目中的数字代入公式，一步一步推进，从而得出计算结果。有这样的计算过程，既可以减轻运算负担，提高计算的准确率，又可以按照解题规范做出解答。计算结果如果是数字，一般应该带单位；如果是字母符号，则不需要带单位。

4. 规范符号

计算题中的符号要规范且清楚，如果字迹潦草，正确的也可能会在判卷时被判为错误的。而且要注意题目给出的字母或符号，如果题目给出的字母是 A，解题时却写成 a，则极有可能被判为错误的。一个字母在一道题中只能指代一个含义，切忌一个字母多义。某个含义也只能用一个字母指代，以免混淆。

5. 绘图准确

有些计算题需要绘制图形辅助解题，或者图形本身就是计算题的答案。绘图时要注意用直尺、圆规、三角板等工具，不要直接徒手画。为便于修改，最好用铅笔画图。画图时注意每条线段的长度、图形的角度等要准确。图形中用到的线要虚实分明，有所区别。有的图形还需要添加必要的文字说明。

6. 语言准确

计算题中出现的学科语言要准确，例如"某公式""某定律""某关系""某定理"等用词要准确，要和教材中的说法一致。不同学科对计算过程的表述有自己的语言体系，要用好该学科的语言体系，而不能用口语随意表达。

6.7 做问答题：6 个技巧 12 个关键词

要解答好问答题或论述题（以下简称问答题），最好的策略是不断练习。遇到不会的选择题，可以通过一些技巧或猜测选到正确答案。但问答题的后面是需要自己回答的一片空白，遇到不会的问答题，我们很多时候会无从下手、不知所措。问答题不会就是不会，"蒙对"的可能性很小。

要答好问答题，要注意如下技巧。

1. 提前预知

在学习时，就应当预估哪些知识点可能作为问答题出现。提前准备，记住这些知识点，并用问答题的形式自测。这样不仅可以提前为考试做好准备，而且能够知道自己有没有真正掌握这些知识。

2. 管理时间

做自测的时候，要像正式考试一样给自己限定时间。不论是自测还是正式考试，如果有多道问答题，应当规划好每道问答题用的时间。每道问答题耗费的时间应当与其分值成正比。按照自己的答题习惯答题，一般建议先易后难，先答自己知道答案的题。

3. 不要瞎写

问答题不能靠瞎写得分，判卷老师是根据问答题的回答要点来判分的，瞎写会增加信息干扰，提高判卷难度。所以不论是自测还是正式考试，在答问答题时，应只写那些自己觉得有把握的，可能是正确答案的内容。

4. 尽快动笔

当大脑中有了关于问答题答案的要点提纲后，就可以开始动笔写了。不要期望在大脑中组织好全部语言再动笔，也不要因为有不记得的部分，就只努力回忆，而不动笔写记得的部分。

5. 总分结构

按照"总分结构"作答，先写论点或要点，再写论据或论证过程。论点或要点是问答题的得分点，一道 15 分的问答题，可能答案有 5 个论点或要点，每个论点或要点 3 分。评分规则很可能是提出 1 个论点或要点，就得 2 分或 1.5 分；对论点或要点的解析、论证、描述等言之有物，再得 1 分或 1.5 分。所以，应先答出论点或要点确保得分，再对论点或要点做补充。

6. 检查补充

如果题目做完后有时间，再做问答题的检查。问答题的检查一般以补充为主，对已经答完的内容，如果不是发现偏题或错误，尽量不要做大的修改。

在问答题中，经常会出现一些提示答案的关键词。理解这些关键词的含义，有助于我们理解题目，从而给出正确答案，不至于出现答非所问的情况。这些常见的关键词如下。

（1）论述。

当出现"论述"这个词时，我们就要考虑从多个维度入手展开分析。有时候可以像辩论一样，从问题的正反两面展开，写下对比和冲突；有时候可以从多个角度来看同一个问题。类似的关键词还有"分析"，题目中出现"分析"时，我们通常要从不同的维度展开讨论和进行解释。

例如，很多大学生毕业后不找工作，而是直接选择了自由职业或创业，论述你对这种现象的看法。

（2）列举。

当出现"列举"这个词时，我们就要把问题相关的事件、事物、想法、品质、原因等全部写出来。答题时要注意"列举"后面可能还跟着数量限制。类似的关键词还有"举例"，就是要求根据问题给出相关例子。

例如，请列举城市居民保护环境可以采取的 5 个行动。

（3）评价。

当出现"评价"这个词时，我们就要对问题给出自己的观点或引用专家的观点，做出评价。同时要注意给出自己评价的依据，并做出一定的分析。评价可能是正面的，也可能是负面的。有的题目会直接用"批评"，这直接表明了我们要给出负面的评价。

例如，你如何评价一些养狗人士以维护狗的天性自由为理由，在遛狗时不拴狗绳。

（4）解释。

当出现"解释"这个词时，我们就要尽可能用更简单、准确的语言把概念说明白。有时候要有逻辑地说明某个概念是如何发展变化的，有时候还要解释某个现象产生的原因。类似的关键词还有"说明"，可以理解为更详尽或更精确的解释。

例如，请解释 / 说明日全食现象。

（5）概述。

当出现"概述"这个词时，我们就要用简练的语言说明事物的中心思想或主要特征。需要注意的是，概述不一定是列举，不一定有明确的分类逻辑。

例如，请概述"林教头风雪山神庙"的相关情节。

（6）证明。

当出现"证明"这个词时，我们就要用逻辑、理论或事实来支持问题表达的观点。证明的材料有时候来自课本中学过的知识，有时候来自试卷给出的材料，还有时候来自二者结合后的延伸思考。

例如，请尝试用3种方法证明勾股定理。

（7）总结。

当出现"总结"这个词时，意味着我们要给出比原文更简短、更凝练、更浓缩的叙述。总结的叙述包括了相关结论，要避免不必要的细节描述。

例如，看完前面这篇文章后，请你总结文章的中心思想。

（8）叙述。

当出现关键词"叙述"时，我们就要将事件发生的先后顺序、人物的关系变化、主题的进展过程等进行描述。类似的关键词还有"记述"。

例如，请叙述诸葛亮写作《出师表》的背景和原因。

（9）定义。

定义通常指事物特定的、确切的含义，内容比较简短。试题中直接问的定义通常来源于课本。一些材料分析题也可能问某事物的定义，这时候我们要从给出的材料中寻找或总结。

例如，"正弦定理"的定义是什么？

（10）画出。

当出现关键词"画出"时，通常我们就要用图形来回答，要将文字变成某种图，并可能要视情况列出图形的特性、组成等要素。类似的关键词还有"描绘出"。

例如，请根据前文表述内容，画出逻辑关系图。

（11）比较。

当出现关键词"比较"时，我们就要检查两个或多个事物之间的关系，识别其相同或不同之处。类似的关键词还可以有"对比"。

例如，请比较《记承天寺夜游》与《小石潭记》。

（12）联系。

当出现关键词"联系"时，我们就要去发现和描述两个事物之间的关系。这类问题除了对概念的直接提问外，也经常出现在材料分析题中。类似的关键词还有"关系"。

例如，请问数据和信息之间有什么联系？

当问答题中出现这些关键词时，我们就能马上知道应当朝哪个方向答题。我们可以在题目上用下划线标出这些关键词，从而提醒自己回答时要特别注意。

6.8　评估反馈：考试结果出来了，然后呢

"吾日三省吾身"，反思有助于我们不断提高。

考试结束后，不论取得的成绩是好是坏，不论我们是高兴还是悲伤，都应该对考试结果做评估反馈，制订改进计划并采取行动，从而不断提升。

拿到考试结果后，不要对考试分数有太多的情绪波动，应该把主要精力放在错题上，并问自己："为什么我在这里丢分了？"

我们的回答通常会有以下 3 种情况。

1. 审题错误

审题错误造成的丢分有很多情况，例如多项选择题中有的选项是正确答案却漏选了，计算题中出现了低级的计算错误，问答题出现了答非所问的情况等。要解决审题错误的问题，可以从以下 3 个维度入手。

（1）自我对话。

做题时，可以养成自己和自己对话的习惯。在回答每一个问题之前，都尝试和自己对话，问自己这个问题到底在问什么，出题人到底想要考查什么，自己应该如何回答。得出结论后，为了防止自己遗忘，可以把关键点写下来。

（2）边做边检查。

做题时，可以养成边做边检查的习惯。每解答完一个问题后，别急着转到下一个问题，可以先快速地回顾思考，并问自己"我刚才这样做题是对的吗""这个问题有没有可能有不同答案"。

（3）不断练习。

不论是自我对话的习惯还是边做边检查的习惯，都可以通过大量做练习题来养成。不断做题，不断练习，从而养成好的解题习惯，能够帮助我们在考试时更好地集中注意力，提高我们解题的准确性。

2. 没有学会

没有学会造成的丢分表现为自己面对这个题目时无所适从，根本不知道该如何解题，不知道题目的正确答案应该是什么。我们可以复习一下教材，尝试从教材中寻找题目的答案，这时候，通常会出现以下两种情况。

（1）答案在教材中。

这种情况说明教材中有这道题对应的知识点，只是自己没有记牢，考试的时候忘记了。遇到这种情况可以多复习这部分知识。

这种错误对自己是有益的，因为可以帮助自己发现知识的薄弱环节，进行有针对性的强化练习。学习小组的成员或学习伙伴之间也可以根据彼此知识的薄弱环节，相互出题测试。

（2）答案不在教材中。

当发现正式考试中错题的知识点没有出现在教材中时，首先要自我怀疑，问自己"确定吗？"如果这题的知识点没有出现在教材中，那是不是所有人都没有做对呢？如果有人能做对，而且这类人还不少，为什么他们能做对呢？是错题的知识点没有出现在教材中，还是自己没有识别出错题考查的知识点是什么呢？

实际上，很多知识在考查时会有所变化，考试不会直接原封不动地考查教材上的内容。这种变化也是在考查我们对知识的融会贯通和举一反三的能力。所以，我们在平时的学习中要刻意锻炼这种能力。看到了 A，要能想到 A 可能延伸出 B；看到了 A 和 B，要能想到 A 和 B 可能变化出 C。

做不同类型的练习题可以解决这个问题。题做得多了，对知识的应用情况见得多了，自然就知道知识点有哪些考查形式，从而能做到心中有数，"遇题不慌"。这类情况同样可以通过多和学习小组成员或学习伙伴交流改善。

3. 情绪问题

有的时候，可能原本某些题是自己会做的，但因为考试时压力过大，过于焦虑，导致自己不能正常思考而造成做错。这种情况可以参考前文介绍过的解决方法。

就算考试成绩比自己预想的要差，也不要过分焦虑。实际上，多数人都会认为自己的考试成绩低于预期，从而产生一些情绪波动。

康奈尔大学曾经做过一次学生调查，结果没想到，几乎所有参加调查的学生都说，自己曾因为考试成绩比预想的差而产生过不同程度的痛苦、挣扎、迷失或困惑。就算是那些客观上成绩比较出众的学生，其中的多数人也说他们一直遭受着很大的挑战和考验，而且错误地认为自己是唯一对考试成绩感到焦虑或难受的人。

关于"社会归属感"的研究也表明了这一点：当面临比较困难的事时，人们会感到孤独。实际上，在学习的路上，客观上每个人都不是孤独的，孤独只是人们的主观感受。每个人都可以找到志同道合的朋友，都可以找到能够帮助自己的人。

在发现自己"考砸了"之后，不要灰心。学习的过程本来就是艰难的，学习本身就是不舒服的，学习就是一个需要不断对错误进行修正，不断尝试的过程。当经历过这些，真正学会，真正取得好成绩的时候，我们会发现之前经历过的一切都是值得的。

人生不是短跑，不需要以一次的成败论英雄。人生更像是一场马拉松，贵在用正确的方式持续跑下去。面对考试的失败，最重要的是重新振作，找到自己当前的短板，补足知识上的不足，为下一次考试做好准备。

7

学习的工具:
学习能力越强，越懂得使用工具

除康奈尔学习法外，还有一些学习方法有助于学习，能让学习事半功倍，如费曼学习法和西蒙学习法。除此之外，本章还将介绍番茄工作法、曼陀罗九宫格法、关联记忆法、思维导图和舒尔特方格训练法。

7.1 费曼学习法：用输出倒逼输入

理查德·菲利普斯·费曼是 20 世纪最杰出的科学家之一。他于 1918 年出生在美国纽约皇后区的一个小镇上，父亲是服装推销员。

1965 年，费曼因为在量子力学方面的研究成果获得了诺贝尔物理学奖。他被认为是继爱因斯坦之后最睿智的物理学家，也是世界上第一位提出纳米概念的科学家。

费曼不仅在科学领域有所建树，还自学了绘画。他匿名将作品放在一个专业画廊里，卖出了好价钱。

费曼拥有如此辉煌的人生成就，他的智商应该高到普通人无法企及吧？实际上并不是，有记录显示费曼曾经测过智商，结果只有 120 出头。这个智商虽然不算低，但也绝不算很高，大约属于中游偏上的水平。

那他是如何取得这样的成就的呢？

原因是他有一套独特的学习方法，用这套方法学习，不仅可以快速搞懂自己原来不熟悉的知识，而且可以学习得更加全面，更加深刻。

费曼学习法与其说是一种方法，不如说是一种思维。其核心是用输出倒逼输入，通过输出来帮助输入。输入通常不会自动发生，就算人们主观上有输入的意愿，如果没有输出的压力，输入的效率也会大打折扣。

费曼有一句非常经典的话，意思是假如我没有办法让大一新生听懂一个知识，说明我自己也没有真正弄懂这个知识。

他会写一些普通人能够看懂和理解的物理学著作，如《物理定律的特性》《QED：光和物质的奇特理论》。这些书中有很多生活化的语言，用了很多大众可以理解的比喻来解释难懂的物理知识。

如何检验自己是否真的明白某个知识呢？最好的方式就是教会别人。当有能力教会一个之前完全不懂这个知识的人时，就代表自己真的学会了。

《礼记·学记》中的"教学相长"讲的也是这个道理，即通过教别人，来促进自己不断学习。教别人的同时，自己也在进步。

输出除了可以促进自己学习之外，也有助于发现自己的盲区。如果只有输入，没有输出，人是很难发现自己的盲区的。

例如，很多学生看课本，看完之后觉得自己什么都会了，都不想听课了，但听老师讲课时，却发现自己原来还有很多知识点没注意到；做课后习题时，他们发现自己做错了好几道那些好像已经学会的题；到考试的时候，他们又发现自己有几个看似知道的知识点总是出错。

这种看起来好像会了，其实根本不会的知识，就是我们学习的盲区。每个学生都有属于自己的盲区，所以每次考试大家错的题都不一样。只有找到盲区，消除盲区，我们才能考出好成绩。

费曼学习法在不同领域有不同的应用方式。在课业学习中应用费曼学习法，可以分成以下4步。

1. 设定目标，构建习惯

有目标才有方向，开展学习前，首先要设定有效的学习目标，明确自己想学会什么。只有有了明确的目标，才能评估自己有没有达成目标。此外，好习惯对人们的正面影响巨大，构建一个好习惯，有助于更好地达成目标。

2. 找对方法，高效学习

有了学习目标，接下来就要实施学习。学习是有方法的，找到正确的方法，能让学习事半功倍。高效学习的方法与记忆有关，与听课也有关。根据记忆的特点进行记忆，好好听课，就能高效学习。

3. 尝试输出，不断练习

通过输出来促进学习是费曼学习法的核心。要让学习效果更好，除了尝试教别人之外，还要通过写好作业，不断解题，实现知识的输出，从而发现自己的知识盲区。

4. 复盘简化，融会贯通

经过前面的一系列步骤，此时我们对知识的掌握已经比较全面，为避免遗忘，可以对知识进行复习。通过复习，重新认识和构建知识，用自己的逻辑和思路发现关键点在哪里，把知识变成自己的东西，从而实现融会贯通。

7.2 西蒙学习法：用锥子凿穿坚石

西蒙学习法是著名的科学家赫伯特·亚历山大·西蒙（Herbert Alexander Simon）所采用的一种学习方法。

西蒙是诺贝尔经济学奖的获得者，被称为人工智能之父，他也帮中国开创了认知心理学这门学科。一定有读者感到奇怪，这几项看似不搭边的成就，怎么会是一个人取得的呢？

实际上，这些还远不能概括西蒙涉及的学术领域。他涉及的学术领域非常广，包含了经济学、管理学、计算机科学、政治学、社会学、运筹学、心理学等。他是人工智能、信息处理、决策制定等多个领域的开创者之一，为多个领域的学科发展奠定了基础。

这是因为西蒙学习法可以让人在短时间内快速了解一个陌生领域。

人们在学习时，把待掌握的知识拆分成不同的"组块"更有助于学习，这里的组块可以理解为知识点。西蒙认为，每门学问所包含的信息大约可以拆分成 5 万个组块。学习和记忆 1 个组块大约需要 1.5 分钟，5 万个组块则大约需要 7.5 万分钟，即 1250 小时。假设每天学习 8 个小时，则学会一门学问大约需要 156 天，即 5.2 个月。

当然，这里的所有数据都只是估算。学问有大有小，学习时间有长有短，记忆能力有强有弱，但西蒙学习法的原理和逻辑却是被西蒙本人和许多人亲身证明有效的。

西蒙学习法既不是只适用于西蒙本人的个人总结，也不是难以复制和学习的私人化独特方法。其原理可以用物理学中的广义动量定理（General Theorem of Momentum）来解释，公式如下。

$F\alpha t=MV$

公式中的 F 表示力量，这里的力量包括体力、智力、想象力、忍耐力、钝感力等，而不局限于物理学中定义的力。

α 表示方向，指的是力量作用于什么目标。

t 表示时间，指的是力量在这个方向上作用的时间。

M 表示广义的质量，V 表示广义的速度，MV 指的是成果。

公式中还蕴含着一个隐藏变量——作用点，指的是力量具体作用在哪个位置。

成果 MV 是力量 F 在正确的方向 α 上作用于合适的作用点，经过时间 t 的积累效应。

所以广义动量定理的含义是，成果与 4 个因素有关，分别是力量、方向、作用点、在目标上所花费的时间。

显然，广义动量定理的适用范围是非常广的，不仅在物理学、管理学和经济学等领域适用，在个人的学习成长中同样适用。

在爱因斯坦看来，成功 = 正确的方法 × 努力工作 × 少说废话。

在稻盛和夫看来，结果 = 思维方式 × 热情 × 能力。

而在西蒙看来，学习成果 = 积极的学习动机 × 有效的学习方法 × 必要的时间投入。

西蒙学习法也被人们称为"锥子学习法"。这是因为居里夫人曾说："知识的专一性像锥子，集中精力就像是锤子的作用力，时间的连续性就像不停地使锥子往前钻。"

居里夫人的这句话同样说出了西蒙学习法的核心原理，如图 7-1 所示。

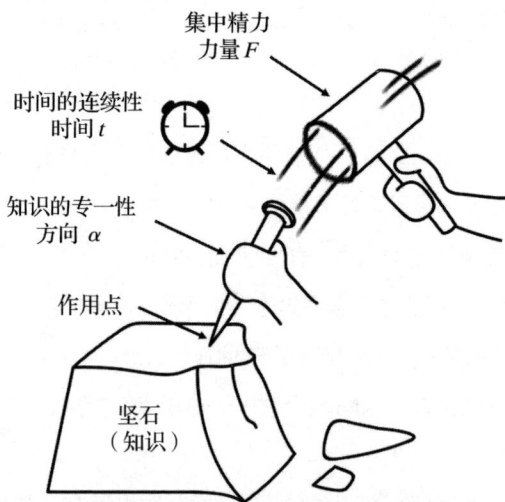

图 7-1 西蒙学习法的核心原理

康奈尔学习法
从记笔记开始，成就终身学习

知识（学问）就像一块坚硬的大石头。将锥子朝向这块坚石，就相当于居里夫人说的"知识的专一性"，也相当于广义动量定理说的"方向 α"；用一把锤子向锥子施加作用力，就相当于居里夫人说的"集中精力"，也相当于广义动量定理说的"力量 F"；持续不断地敲打锥子，就相当于居里夫人说的"时间的连续性"，也相当于广义动量定理说的"时间 t"；当然，锥尖所摆放的位置，就相当于广义动量定理中隐含的"作用点"。

这个原理也类似于烧水，如果持续对水进行加热，消耗一定能量后很快水就烧开了。如果加热一会儿就熄火，断断续续地加热，可能消耗再多的能量，耗费再长的时间，水也烧不开。这也正是很多人总是"学不会""考不好"的原因。方法对了，连续作用，付出一定努力后，短时间就能学会；方法不对，作用不连续，努力没少做，时间没少耗，仍然学不会。

如何实施西蒙学习法呢？

1. 积极的学习动机

学习是需要内驱力来驱动的，当某种事物给人带来的内驱力足够强时，人们就倾向于学习；当缺乏内驱力时，人们对待学习的态度就会是消极的。

学习动机就是为学习提供能量的内驱力，当然动机不一定是外在的、物质的，还可能是内在的、精神的。例如当人们做成某件事时，如果完成得比较好，就会产生一种内在的满足感，驱使自己持续行动。

2. 有效的学习方法

西蒙学习法具体要如何实施呢？简单来说，可以分成以下 4 个步骤。

（1）选择学习领域。

（2）设定学习目标。

（3）拆分学习内容。

（4）集中精力学习。

将西蒙学习法的步骤代入有效学习的公式，可以将有效学习的公式变换为：学习成果 = 积极的学习动机 ×（选择学习领域 + 设定学习目标 + 拆分学习内容 + 集中精力学习）× 必要的时间投入。

3. 必要的时间投入

学习过程必然需要时间的投入，需要大量实践和练习，大量试错和纠偏，大量反馈和调整，这样才能建立起能有效解决同类问题的思维模式。

如今，越来越多的学校、企业等组织意识到西蒙学习法的作用，开始试点推行西蒙学习法，越来越多有学习需求的人开始接触西蒙学习法，并享受到西蒙学习法带来的学习成果。

7.3　曼陀罗九宫格法：厉害的人都是这样思考的

曼陀罗九宫格法源于曼陀罗思考法，是今泉浩晃总结的一套思考工具，能够帮助人们思考、记忆、分析和解决问题，可以用来做笔记、做自我测试、记忆知识，也可以应用于一些生活中的具体思考场景。

应用曼陀罗九宫格法时，首先要画出一个九宫格，在九宫格中间添加一个主题，此处以"丝绸之路"为主题，如图 7-2 所示。

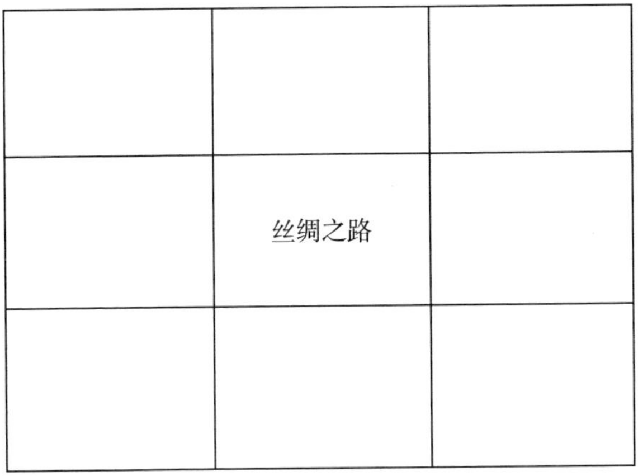

图 7-2　曼陀罗九宫格法示意

　　人有填补空白的冲动，当发现九宫格的中间有一个主题时，会不自觉地想要将其他 8 个格子填满。应该填什么呢？这时候大脑就会有意或无意地开始运转，寻找相关的信息。

　　如果用这种方法来学习和认识"丝绸之路"这个历史事件，则可以按照"5W1H"提出问题，填满这 8 个格子，然后寻找这些问题的答案，从而让自己对"丝绸之路"有更全面系统的了解。

　　"5W1H"分别指的是 What、Why、Where、When、Who、How，具体可以按如下维度展开。

　　What 是指什么事物，什么现象，什么行为，什么活动，什么愿望，什么目标等。

　　Why 是指为什么，什么原因，有什么根据，基于什么理由，哪里来的判断等。

　　Where 是指什么场所，什么地点，什么环境，什么立场，什么状况等。

When 是指什么时间，什么时代，什么时期，什么周期，什么机遇，什么顺序，什么经历等。

Who 是指和谁有关，谁的责任，什么对象等。

How 是指什么方式，什么流程，什么步骤，什么规则，如何做等。

用"5W1H"填充"丝绸之路"的曼陀罗九宫格如图 7-3 所示。

1. 为什么会出现	2. 什么时候出现的	3. 具体指的是哪里
4. 为什么叫"丝绸之路"	丝绸之路	5. 和哪些国家有关
6. 对今天有什么意义和价值	7. 在历史上产生了什么影响	8. 与哪些历史人物有关

图 7-3　用"5W1H"填充"丝绸之路"的曼陀罗九宫格

按照什么顺序填写与主题相关的这些格子没有固定的要求，可以顺时针填，可以逆时针填，也可以发散式地填。

每个格子具体要填什么也没有特定的范式，除了用"5W1H"外，也可以用适合自己思维的理解来填满。当把所有格子都填满，且能够完整准确地说出其答案时，我们对"丝绸之路"这个历史事件的理解才算深刻。

但在填充与主题相关的格子时要注意以下两点。

1. 不要重复

曼陀罗九宫格中边缘的 8 个格子分别代表一个主题发散出的维度，这些维度之间不应有交叉或重复。如果出现交叉或重复的情况，就应尝试重新分类。

2. 视情况增加

如果能想到的相关事项较多，一个曼陀罗九宫格不够用，则可以再增加。填写增加的曼陀罗九宫格时，同样注意内容不要与之前出现的内容有重复。

一般来说，对某个概念能够扩散出的相关维度越多，代表对这个事物的理解和认识越深刻。

曼陀罗九宫格也可以应用在日常的信息收集和整理中。

例如张三想策划一次出国旅行，可出国旅行除了看一些比较知名的景点之外，还应该了解什么呢？此时张三可以用曼陀罗九宫格来帮助自己整理信息，如图 7-4 所示。

1. 这个国家有怎样的历史？在哪里可以见证这些历史	2. 这个国家有哪些独有的文化和风俗？如何能够感知到这些文化和风俗	3. 这个国家的人有着怎样的价值体系
4. 这个国家有哪些好吃的？饮食文化如何？有哪些特产	去某国旅游	5. 这个国家整体的经济情况如何？居民的收入水平如何？物价水平如何
6. 这个国家有哪些优美的自然风光	7. 这个国家的居民有哪些生活习惯？居民的受教育水平如何	8. 这个国家的居民对待工作的状态如何？有哪些特殊的工作模式

图 7-4　关于张三出国旅游计划的曼陀罗九宫格

按照这个框架来收集信息，这次出国旅行将不再是被动地接收信息，不再是碰运气式地接收信息，而是主动寻找信息，有目的、有策略、有条理地接收信息，这样一来体会将更加深刻。

曼陀罗九宫格法应用起来比较简单，只要抓住一个主题，有一张纸、一支笔就可以应用。在学习中，这种方法既可以单独应用，也可以与康奈尔笔记法结合，用来记录与关键知识点相关的知识点。

结 语

再好的学习方法，也不能代替学习本身。

俞敏洪说："所有的人都是凡人，但所有的人都不甘于平庸。我们一定要相信自己，只要艰苦努力，奋发进取，在绝望中也能寻找到希望，平凡的人生终将会发出耀眼的光芒。"

生活让我们不得不面对自己身上的缺陷和弱点，现实会一次又一次地提醒我们，我们不是一个完美的人，我们需要改变。

人们喜欢享受思想的盛宴，喜欢享受坐享其成的结果，但就是不喜欢行动。许多人选择麻痹自己，沉湎于短期的即时满足。只有一部分人选择改变自己，却也正是这部分人将成为成功者。

一个行动胜过无数个空想，不要让自己的梦想只是想象。哪怕只是一个小小的目标，行动起来才有可能实现，而小目标的积累会变成大成就。行动起来，把自己塑造成自己心目中的样子！

每一个趋于优秀的人格，每一个趋于成熟的心智，都是多次行动和自我改造的结果。不想改变自己的人，会重复着自己日复一日的生活，看着那些早已熟悉的风景；而对于正在改变和行动的人来说，每一天都是新的。

我们只有坚持信念，积极地投入行动，脚踏实地去改变，才有可能获得属于自己的人生精彩！

　　没有行动就没有成长，既然知道该怎么做了，接下来就去行动吧！